ANTOLOGÍA PERSONAL

Antología personal

LUIS GARCÍA MONTERO

POESÍA

FONDO DE CULTURA ECONÓMICA

Primera edición, FCE México, 2025
Primera reimpresión, FCE España, 2025

García Montero, Luis
    Antología personal / Luis García Montero ; pról. de Marco Anto-
nio Campos. — México : FCE, 2025
    208 p. ; 21 × 12 cm — (Colec. Poesía)
    ISBN 978-607-16-8809-5 (FCE México)
    ISBN 978-84-375-0853-5 (FCE España)

    1. Poesía española 2. Literatura española – Siglo XXI I. Campos.
Marco Antonio, pról. II. Ser. III. t.

LC PQ6657   Dewey 861 G532a

Distribución mundial

D. R. © 2025, Fondo de Cultura Económica de España, s. l.
Calle Fernando el Católico, 86; 28015 Madrid
www.fondodeculturaeconomica.es
editor@fondodeculturaeconomica.es

Por acuerdo con Fondo de Cultura Económica
Carretera Picacho-Ajusco, 227; 14110 Ciudad de México
www.fondodeculturaeconomica.com

Diseño de la colección: León Muñoz Santini
Diseño de portada: Teresa Guzmán Romero

ISBN 978-84-375-0853-5
DL M-18841-2025

Impreso en España • *Printed in Spain*

SUMARIO

LUIS GARCÍA MONTERO:
DEL AMOR Y LAS NAVEGACIONES

En los últimos veinte años me ha acompañado la poesía de Luis García Montero, y me parece que esta antología, hecha por su mano, de un tono melancólico y hondo, con sus continuas bellezas, busca ante todo que el lector también lo acompañe para compartir lo que dice el corazón de un hombre de lo que le va dando la vida.

LGM se ha acompañado a su vez de grandes poetas de nuestra lengua desde muy joven. En su caso podríamos hablar de influencias, confluencias, homenajes, simpatías. Están Garcilaso de la Vega, con quien acaso se reconoció en momentos de la desolación amorosa; Gustavo Adolfo Bécquer, quien dejó "una violeta sobre el mundo"; Antonio Machado, muy cerca y muy lejos de los campos de Castilla, del Duero y de las cenizas de Collioure; Federico García Lorca, granadino como él, a quien visita en su dolorosa ausencia presencial el coto familiar de la huerta de San Vicente y no deja de visitar por otra vía una lírica en la que la gracia y el duende esconden secretos asombrosos; Luis Cernuda, por quien guarda una admiración sin grietas, con su visión y su versión ácida de la vida escrita impecable e implacablemente; Rafael Alberti, de quien fue asimismo entrañable amigo, y que, como él, fue un tenaz marinero en tierra; Ángel González, un hombre de una bon-

dad esencial, de cuya vida aun escribió una vasta no-
vela; Borges, por algunos poemas que no olvida el
corazón; Pablo Neruda, con una poesía múltiple,
impura, terrenal, de quien hallamos de él sobre todo
huellas de las *Residencias*, y con quien coincide en su
gran rechazo por la poesía barroca o por las noveda-
des sin novedad de la gran mayoría de los llamados
vanguardistas; hay algo de Jaime Sabines y algo en
los últimos años de Rubén Bonifaz Nuño, del que se
descubrió hermano en el amor roto y la solidaridad
con los tristes y desvalidos...

No es necesario que García Montero escriba
su autobiografía; está en sus versos. Característica
de la poesía del poeta andaluz es la múltiple facili-
dad exacta para crear nuevas bellezas con imáge-
nes de todos los días. Borges escribió, ya desde muy
joven, que sólo eran unas cuantas las metáforas
esenciales y con ellas (se) debía trabajar sus infinitas
diversificaciones; las numerosas imágenes y metá-
foras de García Montero no buscan el asombro des-
tellante como lo hacían Vicente Huidobro o Marco
Antonio Montes de Oca, sino una diversidad de
emociones.

García Montero, a diferencia de Sabines o Gel-
man, no es un poeta de todos los días; escribe cuando
la poesía lo llama, cuando se crea de súbito una ima-
gen o una entonación o una idea o el primer verso y
se debe escribir entonces o el poema se pierde. Des-
pués vendrán las tareas de la corrección y los reposos
silenciosos.

La lírica de García Montero está hecha del tra-
jín y las cosas de las ciudades. Es un poeta netamente
urbano. García Montero ha viajado infatigablemen-
te, pero nunca se ha desanclado de dos ciudades:

Granada y Madrid; el sur y el centro de España. Granada es la ciudad familiar, de los estudios, de las primeras amistades, de los primeros amores, donde soñó —quiso soñar— un mundo distinto, la ciudad donde en la infancia y hasta su primera juventud padecería la atmósfera mohosa del franquismo; en fin, es la Ítaca a la que ha vuelto numerosas veces, pero de la que tal vez supo en algún momento que ya no podría ser la casa permanente. Esa ciudad de los años estudiantiles, de restaurantes, fiestas, noches de rock, cafés, bares, el whisky cayendo en las dos bocas, mañanas desveladas subiendo a taxis, tranvías, autobuses, idas y venidas por plazas y jardines... Tristezas y dichas por lo bueno y lo malo que le dio y que en el recuerdo trata de interrogar y comprender.

De la capital española repuso en una entrevista que le hice hace años: "Madrid es mucha ciudad, yo me siento como si hubiese nacido en ella, pero a veces me irrita la falta de memoria histórica que hay en Madrid y en Granada, y la dureza que emplean contra ellas mismas. Es verdad que le debo más poemas [a Madrid] de los que ya le he escrito".

En su obra García Montero escribió poemas familiares: a la madre, al padre y a los hijos. El poema escrito a su madre no es sólo perfecto, sino para mí el más entrañable. Imagina llevarla a París y la imagina en el pasado en sus estudios universitarios y la recuerda en la casa con todo el amor y el miedo por los hijos. Me conmueven en especial estos versos de una verdad abrumadora:

Sólo somos injustos de verdad
cuando sabemos que el amor
no nos cobrará factura.

Cuando su padre, el coronel Montero, cumplió ochenta años, con el que dice coincidir sólo en soledades, ese padre meritorio, orgulloso del hijo, que, pese a las menores o mayores o definitivas diferencias, lo esperaba y volvía a esperarlo, LGM le escribió un poema que trasciende el aniversario. El final es sorpresivo:

Pero el norte y el sur son
dos gotas de agua.
Voy a decepcionarte también en mi vejez.

Muy seguramente el amor es el centro de la poesía de García Montero. No deja de dialogar con la mujer y revisa la minucia de lo que se vive en las relaciones de pareja. Admirador de López Velarde, dijo alguna vez: "Todos cultivamos nuestra Fuensanta". En buena medida el amor dio a García Montero felicidades y tristezas, soledad y abandono, comunión y plenitud, iluminaciones sombrías y viento de fuego. Historias con aquella y las otras, que terminan en el lecho de los amantes o del lecho salen para enfrentarse a la mañana. Mujeres amadas o deseadas, que dejan algo para siempre en el cuerpo y se vuelven recuerdos en el cuerpo del amante. Si no se tiene el cuerpo de la mujer, podría haber dicho García Montero, es vivir en caída la pérdida del reino.

Cuando oíamos de muchachos que el primer amor no se olvida, sólo lo entendemos en toda su verdad nostálgica cuando nos hemos vuelto personas mayores. En "Primer amor", García Montero describe la casa de *ella* que creía suya, y que, pese a todos los arreglos, no fue de él, o el mal destino decidió que no fuera de él. Las dos últimas líneas son devastadoras:

> Y aquella casa no fue mía.
> Aprender a vivir enamorado,
> saber amar,
> significa también sentirse libre
> cuando un amor se acaba.
> Las ruinas de hoy
> no son ya mi dolor ni mi recuerdo

Sentimos también muy cerca otros poemas como "Confesiones", que versa acerca de una mujer a quien le dice que desde el día cuando él nació, 4 de diciembre de 1958, la ha estado esperando y la seguirá esperando cuando a él la muerte lo llame; o aquel otro donde cada objeto de la casa o de las calles de la ciudad, pero sobre todo *ella*, se vuelven "completamente viernes".

Para García Montero el amor fue el sol central. No en balde hizo suyos un par de versos del inolvidable poeta catalán Joan Margarit: "Nada sabe de amor quien no ha perdido / por amor una casa". Sin embargo, en los últimos lustros parece sólo haber escrito en el alma de las páginas o en las páginas del alma un solo nombre de mujer: Almudena (1960-2021). Permítanme dos citas de versos, cuando García Montero está dolorosamente viviendo o muriendo la enfermedad terminal de su esposa:

> Hablo sólo de mí, de lo que nunca
> puede tener sentido si me faltas.

Y este desconsolado endecasílabo:

> Y nada quise más que tus cuidados.

Luis García Montero es el poeta español vivo más reconocido internacionalmente. Ningún poeta europeo como él ha tenido en los últimos lustros un diálogo más sostenido con América Latina.

MARCO ANTONIO CAMPOS

I. PALABRA

PREGUNTAS A UN LECTOR FUTURO

¿Está lloviendo?
¿Tal vez en los tejados
confundes la verdad con la belleza,
y un bienestar antiguo
duerme la sombra líquida del tiempo?
¿O es un día de sol,
de los que ruedan por el mundo
sin esperar la primavera,
hasta caer hermosos y rendidos
al pie de tu ventana?

¿Estás fumando?
¿Has conseguido respirar la nube
de tu tranquilidad,
el pacto de los cuerpos con el humo?
¿Has servido la copa
que te devuelve a la razón más tuya,
a la barca que sabe descansar en su orilla?
¿Pesa ya en la madera de tu edad
el oleaje de lo que se pierde?

¿Estás solo?
¿Alguien lee a tu lado,
en la otra butaca de la noche?
¿Esperas a que suene
el portero automático
para dejar el libro
y compartir las horas

con el amor que manda en los relojes,
para sentirte libre y excitado,
por un momento libre,
sin ambición ni deuda?

Y no voy a negarlo desde hoy:
agradezco el azar de esta ocasión
en la que tú me salvas del olvido.

Pero no me consuela,
si yo no puedo recordar la vida.

Hablo de aquellos años honestamente rotos.
El viento imprevisible daba la vuelta al mundo
a través de los bosques y de los cazadores.
Pero como los bosques están en cualquier parte
que conserve una duda, un rumor o un silencio,
y siempre hay cazadores detrás del perseguido,
el viento aparecía y desaparecía
honestamente gris en cualquier desamparo.

Por ejemplo en el hombre de los ojos azules
que mira una ciudad recién bombardeada.
En la esquina del niño que espera una limosna.
En la ducha imposible de la mujer del sábado
que abre las ventanas y despide al cliente.
En los hombros de aquel muchacho recorrido
por el viento del mundo,
que se lo lleva todo,
que todo se lo lleva menos al cazador,

y menos la piedad, una sombra callada
detrás de la belleza, una sombra que junta
mis últimos poemas y mis primeros versos.

Se busca una ciudad.

Parece que fue vista
en manos de un poeta.
Vestía un cielo limpio,
un desnudo de nieve
y rumor de cafés civilizados.

Se busca una ciudad
igual que una palabra.

Recuerdo aquellos años
inexplicables de mi adolescencia,
la sombra del poeta en el balcón
de su casa cerrada.
Aparecía y desaparecía
con la misma torpeza suplicante
de los primeros versos,
cuando son las palabras vagones melancólicos
de un tren que ya no puede con su alma
o no sabe moverse todavía.

Detrás de los cristales,
bajo las tachaduras de lo que se persigue
en un papel cuadriculado,
buscaba una ciudad,
un trozo de madera borrada por el tiempo,
la ley de gravedad que fijase mi nombre

en un mundo de olvidos
y de rara intuición.

Heredé las ausencias, pisé lo que no estaba,
imaginé su noche,
solitario poeta fusilado,
y me pertenecía
como la habitación de los amigos,
como la luz cautiva de la luna
en los amaneceres.

Adolescencia,
siempre tiene más prisa
el menos esperado.
Buscaba en los escombros de una guerra
aquello que no puede vivir en los escombros.

Vestía un cielo limpio, un desnudo de nieve.

Se busca una ciudad. La recompensa,
aprender a vivir con uno mismo,
saludar a la luna en horas de trabajo,
mover recuerdos en un cajón vacío.

La poesía es inútil, sólo sirve
para cortarle la cabeza a un rey
o para seducir a una muchacha.

Quizás sirve también,
si es que el agua es la muerte,
para rayar el agua con un sueño.
Y si el tiempo le otorga su única materia,
posiblemente sirva de navaja,
porque es mejor un corte limpio
cuando abrimos la piel de la memoria.
Con un cristal partido,
                                el deseo
hace heridas más sucias.

La poesía eres tú,
un corte limpio,
una raya en el agua
—si es que el agua es razón de la existencia—,

la mujer que se deja seducir
para cortarle la cabeza a un rey.

Hay momentos también en que dejamos
las palabras de amor y los silencios
para hablar de poesía.
Tú descansas la voz en el pasado
y recuerdas el título de un libro,
la historia de unos versos,
la noche juvenil de algunos cantautores,
la importancia que tienen
poetas y banderas en tu vida.
Yo te hablo de comas y mayúsculas,
de imágenes que sobran o que faltan,
de la necesidad de conseguir un ritmo
que sujete la historia,
igual que con las manos se sujetan
la humedad y los muros de un castillo de arena.
Y recuerdo también algunos versos
en noches donde comas y mayúsculas,
metáforas y ritmos,
calentaron mi casa,
me dieron compañía,
supieron convencerme
con tu mismo poder de seducción.

Ya sé que otros poetas
se visten de poeta,
van a las oficinas del silencio,
administran los bancos del fulgor,
calculan con esencias

los saldos de sus fondos interiores,
son antorcha de reyes y de dioses
o son lengua de infierno.

Será que tienen alma.
Yo me conformo con tenerte a ti
y con tener conciencia.

LA POESÍA SÓLO EXISTE
COMO UNA FORMA DE ORGULLO

Eran días de lluvia en un invierno propio.
Ni siquiera las fiestas,
ni las tardes de sol sobre las calles
llegaban a esconder
la débil soledad de los saludos
sin corazón, la nieve
de los pasos perdidos.

Despeinado, deshecho,
la ropa vieja y sucia,
la mano con el vino tembloroso,
la camisa por fuera del pantalón caído
como un adolescente de suburbio,
la sombra descosida en sus talones
y los zapatos rotos.

Parecía un mendigo entre la gente.

Luego llegaba a casa, se duchaba,
abría los armarios,
con cuidado elegía una camisa nueva,
un pantalón planchado
y unos ojos más suyos
con los que sostener por un minuto
la verdad del espejo receloso.

Cuando ya estaba limpio,
se sentaba a escribir.

Dichoso tú,
dichoso tú, amigo mío,
que conservas razones para cuidar tu piel
en los días de lluvia y en los inviernos propios.

Mi alma os ha cortado a su medida,
dice ahora el poema,
con palabras que fueron escritas en un tiempo
de amores cortesanos.
Y en esta habitación del siglo xx,
muy a finales ya,
preparando la clase de mañana,
regresan las palabras sin rumor de caballos,
sin vestidos de corte,
sin palacios.
Junto a Bagdad herido por el fuego,
mi alma te ha cortado a su medida.

Todo cesa de pronto y te imagino
en la ciudad, tu coche, tus vaqueros,
la ley de tus edades,
y tengo miedo de quererte en falso,
porque no sé vivir sino en la apuesta,
abrasado por llamas que arden sin quemarnos
y que son realidad,
aunque los ojos miren la distancia
en los televisores.

A través de los siglos,
saltando por encima de todas las catástrofes,
por encima de títulos y fechas,
las palabras retornan al mundo de los vivos,
preguntan por su casa.

Ya sé que no es eterna la poesía,
pero sabe cambiar junto a nosotros,
aparecer vestida con vaqueros,
apoyarse en el hombre que se inventa un amor
y que sufre de amor
cuando está solo.

Al volver,
burocráticos hombres con cartera
descansan un momento.
Hay un rumor de luces suspendidas,
una dispersa claridad de voces,
y en la tarde se abren
los pájaros en fuga,
el coro de las madres y de las bicicletas,
un músico ambulante.
La vida rutinaria es esta mansedumbre
de gente que se llama, se besa, se despide,
mientras el sol incendia las fachadas
y se apaga en el agua de la fuente,
en la botella del mendigo.

Está la plaza llena todavía.
Desde el balcón, sentado con un libro,
comparto en soledad la jubilosa
caída de la tarde.
Después habrá un misterio en cada esquina,
un silencio de tilos y de sombras.
Descenderá la noche
saltando como un gato de ojos brillantísimos
y por el decorado de la plaza,
lejos ya del rumor de los talleres,
veré cruzar extrañas siluetas,
un loco en su caballo,
un monarca asesino,

una mujer adúltera de sueños descompuestos,
el sabio que ha vendido su alma, detectives
cargados de derrota,
piratas infernales
y también
burocráticos seres con cartera
que esconden en su vida rutinaria
un estrangulador,
un resistente
de guerras y ciudades sometidas
o tal vez un poeta.

En mitad de la plaza hay alguien que se vuelve
y levanta los ojos
para buscar la luz en mi ventana,
el faro de la noche y sus fantasmas.

He vendido mi alma dos veces al diablo,
por monedas de niebla y curso clandestino
en países que nadie se ha atrevido a fundar.

Un realista que vive el mundo de los sueños,
un soñador que quiere vivir la realidad.

Mal destino es el tuyo.
Así te va.

> Un Monarca, un Imperio y una Espada
> HERNANDO DE ACUÑA

Oigo una voz, me llaman por mi nombre,
y recuerdo aquel mapa de océanos y mundos
dibujado en el patio del colegio,
que era un charco, un imperio y una espada
en los pobres otoños nacionales,
y se fue deshaciendo con la lluvia
hasta sentirse tierra.

Oigo decir la luz, el árbol, las llanuras
teñidas por el cielo
de una tarde heredada con canciones
en la lengua de Roma,
compuesta y descompuesta,
crecida en español,
como niños vestidos de uniforme
que buscaban dos labios
para sentirse cuerpo.

El idioma, según nos explicaron,
salió del mundo hacia otro mundo,
y regresó con voces de leyenda.
Oigo el vuelo del cóndor en sus sílabas.
Pasa el viento, reúne
los nombres y el olvido,
no respeta el puñal de los kilómetros.

Naciendo de sus muertes y de sus lejanías,
reconoció los puntos cardinales,
comprendió los rumores
de las plazas usadas por la gente,
encontró la violeta del rincón apartado
para que yo viviese
en las calles de Borges y Neruda,
entre Machado y Juan Ramón Jiménez.

La lluvia, que no corta,
pero oxida los filos de una espada,
cayó también sobre el pasado,
como aprendiendo a hablar
en las hojas del bosque.
Oigo una voz,
recuerdo aquellos mapas de colegio.

Más constantes que el odio y la avaricia,
más fuertes que el rencor y las prisiones,
más heroicas que el sueño de un ejército,
más flexibles que el mar,
han sido las palabras.

LOS IDIOMAS PERSIGUEN
EL DESORDEN QUE SOY

A Elisa

Mi nombre es Luis,
soy español,
vivo en Madrid,
en el número uno, calle Larra,
me dice usted la hora, por favor,
¿dónde ha nacido usted
y cuántos años tiene?,
buenos días, amigo,
buenos días, mi amor, te quiero mucho.

Confieso que no tengo
facilidad para estudiar idiomas.
He copiado mil veces las frases y procuro
aprender de memoria, poco a poco,
preguntas y respuestas.
Pero me acabo siempre confundiendo
y a los demás les digo
¿dónde está mi te quiero?,
vivo en Luis
y soy las doce y media de la noche.
Nadie ha podido nunca pasear
por el número uno
sin romper el espejo de las horas
y de su propio rostro.
¿Me dice, por favor, qué significan

el tú y el yo, la edad y la palabra España?
Los idiomas persiguen el desorden que soy,
y así los predicados de altas temperaturas
y los verbos de nieve
me tratan sin piedad
igual que a los sujetos derretidos.
No me resulta fácil,
                    pero a veces entiendo
la nostalgia de orden que tienen mis poemas.

Aquí junto a las dunas y los pinos,
mientras la tarde cae
en esta hora larga de belleza en el cielo
y hago mío sin prisa
el rojo libre de la luz,
pienso que soy el dueño del minuto que falta
para que el sol repose bajo el mar.

Esa es mi razón, mi patrimonio,
después de tanta orilla
y de tanto horizonte,
ser el dueño del último minuto,
del minuto que falta para decir que sí,
para decir que no,
para llegar después al otro lado
de todo lo que afirmo y lo que niego.

Esa es mi razón
contra las frases hechas y el mañana,
mientras la tarde cae por amor a la vida,
y nada es por supuesto ni absoluto,
y el agua que deshace los periódicos
arrastra las palabras como peces de plata,
como espuma de ola
que sube y se matiza
dentro del corazón.

Aquí junto a las dunas y los pinos,
capitán de los barcos que cruzan mi mirada,
prometo no olvidar las cosas que me importan.

Tiempo para ser dueño del minuto que falta.
Pido el tiempo que roban las consignas
porque la prisa va con pies de plomo
y no deja pensar,
oír el canto de los mirlos,
sentir la piel,
ese único dogma del abrazo,
mi única razón, mi patrimonio.

I

La poesía ha muerto, dice. Una pantalla de televisión siempre repite lo que dice. Once segundos, como un endecasílabo, y ya parece una noticia vieja. El viento y sus imágenes son una forma de repetición. La poesía ha muerto, dice.

Cae la lluvia fuera de las estaciones, sin la herida del tiempo, sobre el baúl de la ciudad, sobre los recuerdos y las sábanas del baúl desahuciado. La poesía ha muerto, es una noticia. Puede verse el cadáver mientras la gente huye de sí misma, mira hacia otro lado, evita contestar y un cielo color aguardiente pudre la pantalla. Queda al fondo una mujer a la que se le doblan las rodillas. La poesía ha muerto, dice.

Estuve muchas veces en la taberna donde servía café para las mañanas de invierno y alcohol para las noches sin salida. Estuve con ella, me manché con el delantal sucio de la misericordia. Ahora sufro su muerte, callo y me siento más solo. Y pesa el reloj, y son frías las paredes de la casa.

II

Cierran el ataúd. Cuesta demasiado trabajo superar el frío del beso en la frente de un cadáver. Este frío que quema tanto como el horno de la incineración. Es frío y es ceniza y no tiene motivos para suplicar que lo perdonen. Un vanguardista me dice al oído que todo entierro sucede como una sesión fotográfica. Le digo que está viejo, que han muerto Breton, Mayakovski, Huidobro y Alberti. Pero después oigo otra voz mientras las llamas consumen los restos de la poesía. Póngase aquí. Mire hacia la ventana de su adolescencia. Gire la cabeza a la izquierda de la primera tarde que estuvo solo con unas palabras verdaderas. Levante la barbilla hasta rozar el pulso herido y el otro lado de las cosas. Sonría un poco más, como si fuera pronto, como si recordara las viejas librerías, las bibliotecas, los recitales, la voz de los maestros y de los camaradas, los números tachados en las agendas de teléfono, las dedicatorias y las declaraciones de amor. Cierre los ojos, porque todo amor tiene un principio y un final, porque todo compromiso se cierra igual que una puerta, igual que una canción deteriorada, igual que las cenizas y las urnas.

III

O quizá el tiempo se convierte en un sospechoso. Alguien discute, cambian los ritos y la autoridad ordena que no se lleve a cabo la incineración. Mejor un último oficio. Ha llegado la hora de los sepultureros y la tierra. Las palas van llenando en seco, golpe a golpe, el formulario de migración para la nada. Nombre: Poesía. Nacionalidad: el tiempo y la palabra. Fecha de nacimiento: no se sabe, siempre se quitó años, pero nació seguro en los siglos de la hoguera y de las tribus. Tipo de viaje: no es turismo, no es negocio, tal vez formaba parte de una tripulación. Domicilio en la muerte: hotel de algún silencio que ya no pertenece a las conversaciones. Los testigos confirman que no era extraño verla dormir en la calle.

Ahora queda pasar la aduana, aunque resulte raro que la muerte trate a la poesía como si fuese extranjera. Las palas vuelven a recoger preguntas. Sí, mucho que declarar. Con ella vienen animales, plantas, enfermedades contagiosas, armas, su equipo profesional de amaneceres, su mercancía de baladas nocturnas, su cargamento de verdades, su familia de pérdidas y de emociones, todo lo que regresa a sus orígenes para descubrir que no existe la inocencia, porque cae la tierra de los sepultureros, y es el último oficio, aunque quizá no lo sepan las ciudades, aunque tal vez no se haya enterado el muchacho que trae flores a otra tumba y necesita todavía una oportunidad para llorar al pie de la frontera.

CONFIESO

Dependo de un mal paso
y de la flor recién cortada
que vende un sueño triste por la noche.

Dependo del herido,
de las canciones graves
que matan a su dueño con las manos.

Del porvenir sombrío,
del cuerpo avergonzado de su hambre
y las deudas al borde de una cama.

Dependo de un mal paso
para no faltar hoy, ni mañana, ni nunca,
allí donde discuten las miradas anónimas,
allí donde es urgente la poesía.

El lobo reaparece con un libro en la boca.
Se sienta y me sorprende su pregunta:
¿qué es un endecasílabo?
Ensayo la manera
de explicar la insondable razón de lo enmarcado.

Es la ciudad nocturna en la ventana,
el arte de medir en los abismos,
el desnudo de un cuerpo entre las sábanas,
sueños urbanos en la verde selva.

Dudas de lobo que insiste y pregunta:

quiere saber también qué significa el tiempo
y el compromiso de un poema.

Le hablo del dolor,
de la canción que vive en una despedida,
del crimen que sucede en las palabras
que nunca se dijeron,
de un ajuste de deudas,
porque las madrugadas no tienen dónde ir
y hay que encender el fuego que le cuente su historia
a mi rostro mendigo,
a mi rostro marcado por la ley,
mi rostro que suplica compañía.

¿Pero el poeta nace
—me interrumpe— o se hace?

Yo le pregunto al lobo
si ha nacido o se ha hecho.

Mira en mis ojos, dice,
el rencor de la noche que me robó la vida.

LA CASA

Como en noches de agosto
cuando el viento templado de los álamos
nos desnuda la piel en el balcón
y el instinto se vuelve pensamiento,
alguna vez un cuerpo levantó la cabeza,
casi animal, y descubrió la luna.
Quiero decir que pudo interpretar un ciclo,
su forma llena y después menguante,
su modo de vivir hacia la muerte.
Así empezaron a encontrar las cosas
un idioma materno de miedos y esperanzas
con el que murmurar
sobre aquello que nace, que muere y que desea
regresar a la vida.

Pocos años después
—solamente unos siglos afanosos—,
la mirada y las manos se reunieron
en otra lluvia para dibujar
la pared de una cueva.
Y así empezaron a buscar las tribus
un rincón, unas tablas y un pasado,
un tiempo de ladrillos y de casas.

Dioses de muchos ritos
condujeron el fuego hacia los templos

porque el amor seguía
buscando en las distancias infinitas,
a través de las furias y las razas,
algo para entender la soledad,
la compasión, la espera
y todo lo que acoge
la arenosa costumbre del olvido
en la palabra hogar.

Sotanas, indiscretos telescopios,
procuraron fundar su pertenencia
más allá de las nubes.

Pero también detrás de las palabras,
a pocos metros de la calle,
hubo mesas, canciones y tinteros
capaces de contar
lo que no necesita de distancias.
En cada uno de nosotros vive
un misterio carnal,
la respuesta que somos
incluso a lo que no tiene respuesta.
Por arrimar la llama a mi memoria,
hace ya muchos años
que la llamo poesía.

Dorada condición
de los seres humanos en la historia
que puebla por costumbre nuestras almas
y nuestros deshojados callejeros.
Es Cristóbal Colón
quien vuelve con cadenas
después del tercer viaje a las Américas.
Por mandato real,
así empezaba el siglo XVI.
Pocos años más tarde
la suerte se fijó en Núñez de Balboa:
conducido al patíbulo, murió decapitado.
Un día Jueves Santo
de 1572, fray Luis
dio con sus libros en la cárcel
después de declarar ante la Inquisición.
Juan de la Cruz corrió la misma suerte
porque no convenció
a un tribunal de carmelitas.
Y el cautivo de Argel
que respondía al nombre de Miguel de Cervantes
fue apresado en Sevilla.
Su libertad enferma
tejió las aventuras del Quijote
con las desgracias del dinero público.
Para no fatigar la minuciosa
tarea de los jueces,
concluyo el inventario con Quevedo.

Después de larga vida
entre duques, destierros y sobornos,
dio con sus huesos en León,
en una celda fría de San Marcos.
Era ya 1639.
          Los años 39
no suelen ser felices en España.

Heredamos los siglos, sus metales preciosos,
épica de una historia que quiere ser novela,
dorada calidad hecha de barro
y carne de cañón.

LAS HORAS

A Paul Valéry

La marquesa salió a las cinco.

Se le olvidó cerrar la puerta.
Un verso amigo mío,
republicano y bebedor,
aprovechó el momento
para entrar en Palacio.
Con frialdad meditada,
asesinó al marqués para vengar
su aristocrático desprecio
a la emoción del tiempo.

La verdad es que hubiese resultado imposible
unas horas después.
El verso amigo mío
se emborracha conmigo, y a la seis
suele cantar confuso,
ebrio de oscuridad.
Vacilante soporta cadenas de fantasma.
Y todo se confunde.

Suele pasar así:
horas que no se ven, pero se cruzan
en el rodar de la palabra mundo.

A las siete quedaron los amantes,
mientras el rey firmaba su destierro.
A las ocho salía el escolar,
mientras el bombardero se acercaba a Hiroshima.
A las nueve una madre ha cerrado la puerta de su casa
para comprar aceite, vino y pan,
pero el hijo viajaba en aquel coche.

El verso amigo mío
tiene la maldición de verlo todo
sobre la piel del tiempo.
Él supo lo que cabe en una hora.
Y se dio a la tristeza lo mismo que un reloj,
y se dio a la venganza,
y se dio a la bebida.

Al abrir aquel libro
en el cuarto cerrado de casa de mis padres,
debajo de la piel y de la firma en oro,
no me esperaban letras,
ni siquiera palabras en los brazos del tiempo.
Eran la soledad
de una paloma oscura,
el amarillo hiriente del limón
como un sueño en la boca,
la luna estremecida de aquello que no vuelve
y el sol entre los cascos de un caballo
por el amanecer del horizonte.
Con el agua en los hombros me senté,
el cuerpo sumergido en un silencio,
la vida en un poema.
De pronto descubrí la autoridad
de la tarde imprecisa y de la noche larga.
Una vez más nacer
sobre mil novecientos —creo— sesenta y nueve.
El mundo estaba abierto. Me llamó
la promesa incompleta de un destino.

LOS POETAS

A Federico Díaz-Granados

Os he visto hacer noche
en una esquina de cualquier palabra,
amanecer sin ánimo de lucro
en un deseo compartido
con dioses y demonios,
cruzar la calle, publicar
amores competentes, sus pérdidas, los viajes
por ciudades que guardan una melancolía
como se guarda un pétalo en un libro,
andar entre botellas y ascensores de hotel,
cumplir páginas, ser relacionados
con los delitos de la ortografía
que pide el corazón,
subir al escenario cada vez menos jóvenes,
bajar las escaleras con torpeza de viejos,
alejaros despacio de las fotografías
que nos hicimos juntos,
decir adiós en una fecha rota
de cualquier almanaque.

Me habéis visto hacer noche
en una esquina de cualquier palabra,
amanecer sin ánimo de lucro
en un deseo compartido
con dioses y demonios,
cruzar la calle, publicar

amores competentes, sus pérdidas, los viajes
por ciudades que guardan una melancolía
como se guarda un pétalo en un libro,
cumplir páginas, ser relacionado
con los delitos de la ortografía
que pide el corazón,
subir al escenario cada vez menos joven,
bajar las escaleras con torpeza de viejo,
alejarme despacio de las fotografías
que nos hicimos juntos,
pensar en el adiós, y mientras tanto
seguir con ella un día más
y besarla en su frío y en sus sílabas
para buscar el verso que se fue
por una esquina de cualquier olvido.

También es el amor una luz negociada.
Somos barcos nocturnos que fondean
en esta habitación
junto a una cama que parece un puerto.

No me importa que tardes en apagar la luz
si me quedo dormido en tu lectura.
Un faro parpadea muy pegado a tu cuerpo
para que Ulises pueda hacer justicia,
mientras que Fortunata
naufraga por las calles de Madrid
y la esperanza se defiende
con uñas y alegría
en la ciencia ficción de cualquier cuerpo.

Tampoco tú protestas
si yo enciendo la luz antes de hora.
Duermo poco. Digamos que a las cinco
mi mesita de noche es una dársena
donde hay carga y descarga de palabras
que pasan a tu sueño.
Por Nueva York camina Baudelaire,
Federico en París,
mientras Machado cruza la frontera
y Cernuda nos habla de Galdós
bajo el cielo de México.

El amor es también una luz negociada.
Me das tus sueños al vivir los míos.
Te doy mis sueños al guardar los tuyos.
Historias que se enlazan como cuerpos.

II. EDAD

Nosotros los Montero tuvimos en común
el lento amanecer de la calle Lepanto
y algunos pocos mitos que ocuparon
lugar en nuestra mesa.
                            Empezar por Chopin
sería necesario: como un reloj su piano,
la caricia de ese cuerpo invisible
que es el tiempo, cuando la vida entonces
era sólo una anécdota y el futuro quizá
aún estaba en su sitio.

HOMENAJE

Algunas pocas cosas te rodean ahora.
Tal vez te creas inmortal
esta noche de mundo,
cuando tu cuerpo no se decide aún
a creer en la historia,
y me miras triste
—cinco años ya vigilándome muda—
desde la seriedad y la fotografía.

(Aquella noche eras
la sombra hermosa de la vida.
Recordarás el gesto indeciso de tu boca
cuando te sorprendieron, la tímida sonrisa
que he amado tantas noches
y que ahora me espanta.
No sé si fue el alcohol lo que te hizo bella,
si suponía el tiempo la herida que tus labios
le hicieron al champagne,
cuando sólo pedías la pasión de una tregua.

Precisamente entonces
te traicionó el futuro, y ya no fue fugaz
lo que ahora me insiste y me interroga,
como si tú supieras
que yo iba a estar insomne muchos años después
careciendo ante ti de todos los recursos.)

Te recuerdan algunos
protegiendo tus piernas al impudor del viento;
pero yo deseo tus labios de papel,
el rubio corazón que cuelga en las paredes
y que nunca entendió
muy bien lo del suicidio.

Aquí
no es diaria ni justa la existencia.
Bésame y resucita
si es posible.

LOS AUTOMÓVILES

Los automóviles llegaron aquí un año de repente,
y con ellos el tiempo, hacia mil novecientos
cincuenta y ocho entonces.
Están los mismos tilos al borde del jardín,
los mismos ojos detrás de la ventana,
siempre conventual
a las fuentes vacías del invierno.
Nos fue dado el amor
de pronto por la vida y sus cosas pequeñas,
armarios diminutos donde encerrar la infancia.
                                    ¿Recuerdas?
Era blanco el tejado, y se posan aún
de día las palomas
y sus ojos nos miran como un fuego tardío
cada vez que salimos huyendo de la casa.
Yo he buscado su piel en todas mis amantes,
la marejada rubia de sus hombros,
la formación de almendras que estallaba en su boca
y que luego ponía en las manos de él,
él, que estaba allí,
allí también entre nosotros,
como un inmenso capitán de plomo.

Yo me pregunto entonces si este rostro es mi rostro
o es la vieja pasión de una guerra perdida.
Dos minutos ahora para salir a escena.
Sentir sobre el escote
cómo arden los focos: canta,

canta para París
y para Siena,
tú que crees que el tiempo no es asunto
de tilos y palomas,
mi viejo capitán de plomo herido,
cierra tu dulce corazón desperdiciado
a las nieves de un parque,
como si amaneciese y abrieras la ventana
y por primera vez
notases que el invierno se ha convertido en éxito.

MADRE

Dentro de nada,
cuando me den permiso
las fieras de mi tiempo,
cumpliré una palabra que nunca me pediste.
Te llevaré a París.

Porque tal vez, entonces,
en los Campos Elíseos
o en las aguas del Sena,
con Notre Dame al fondo o con la Torre Eiffel,
veré de nuevo el brillo
más joven de tus ojos,
la luz adolescente
que baja del tranvía
con bolsas y comercios y saludos
y poco más de veinte años.

Hoy te recuerdo así,
como los días sin colegio,
bandera hermosa de un país difícil,
lluvia delgada de los sábados.

Nunca guardaste mucho para ti.
Ni siquiera una noche,
una ciudad o un viaje.
Tu tiempo se sentaba en nuestra mesa
y había que partirlo como el pan,
entre tus hijos y tu miedo.

Seis veces el temor
a que la enfermedad, el vicio o la desgracia
se quisieran sentar en nuestra mesa.

No vayas a salir, a dónde vas ahora,
hay que tener cuidado
con las mujeres y las carreteras,
deja ya la política.
Y sin embargo
lo que no te atrevías a pedir
duerme en el corazón de cada uno.

Porque el amor se hereda
como un abrigo sin botones,
y a mí me gustaría acompañarte
por los pasillos del museo,
más obediente y repeinado,
para encontrar en la Gioconda
el sueño y la sonrisa
de un carné de familia numerosa.

Te llevaré a París
o a la ciudad que duerme
en la taza de té de tus meriendas,
con tu cristalería
de familia burguesa
y más aspiraciones que dinero,
con tus dientes manchados de carmín,
con tus estudios de Filosofía
y Letras, *je m'appelle*
Elisa, j'ai cherché
la lune, la mer, la vie,
la pluie, mon cœur,
y todo se interrumpe.

Sólo somos injustos de verdad
cuando sabemos que el amor
no pasará factura.
Pero el río sin agua
también puede llegar a desbordarse,
y a tu lado me busca
esta vieja nostalgia de ser bueno,
de no ser yo,
de conocer al hijo que mereces.

Te llevaré a París. En mi recuerdo
has aprendido algo
de lo que te olvidaste en la vida:
pedir por ti, andar por tus ciudades.

CORONEL GARCÍA

Una vez más
te vuelves a esperarme.

Igual que entonces
cuando me detenían los negocios
infantiles del mar
o las orillas silenciosas
de algún escaparate.
El niño vive un mundo propio,
un tiempo que se queda sorprendido
al bajar la marea,
como el agua parada entre las rocas.

Ibas tú por delante,
con tu prisa de siempre,
y al perseguir tu sueño
nevaba en las montañas
y la nieve caía
con su verdad de siempre.

Una vez más
te vuelves a esperarme.

Junto al reloj de oro de tu boda
llegó a nacer mi tiempo;
junto a los uniformes de soldado,
el desaliño de mi letra,
y junto a la canción entonada en el coche,

feliz y colectiva como un himno,
una tristeza de muchacho
que prefiere quedarse un tono por detrás,
condenado a vivir las soledades.

Coléricos, creyentes, susceptibles,
cargados de razón, sentimentales,
extremos de una misma geografía
y muy enamorados,
he vivido la noche
con la misma franqueza soleada
que tú persigues en el día
y he buscado la luz
con las lecciones de tus sombras.
La palabra recuerdo ha nacido en el norte,
en una calle fría de la ciudad de Burgos,
y el porvenir parece una cigüeña
en el viento del sur.
Pero el norte y el sur
son dos gotas de agua.

Una vez más
te vuelves a esperarme,
cuando la piel de mi futuro
se escribe con la ley
de tus ochenta años.
Yo he sido
un amigo de muchos condenado a estar solo.
Tú eras
un joven solitario perdido en un ejército.

Y estás ahí,
muy joven o muy viejo,
con el mundo a tu espalda

y los brazos tendidos,
orgulloso de mí.

Conforme voy llegando
a donde tú me esperas
y confundo tus ojos con mis ojos,
me gustaría darte
un momento de paz.

Entre tú y yo, el árbol del orgullo
suele brotar en un jardín selvático,
entre raras especies
que viven al amor del exotismo.

Pero el norte y el sur son dos gotas de agua.
Voy a decepcionarte también en mi vejez.

EL CABALLERO DEL OTOÑO

Apareció una tarde
sentado en el jardín que custodiaba
las horas amarillas,
el beso de los novios y las fuentes,
a los pies del balcón.

El caballero del otoño
estaba allí. Fue antes
de que la soledad encontrara su nombre.
Pero vestía con su ropa sucia
de mirar a la calle y de pensar los barcos,
perdido en el silencio de la siesta.

Cuando bajé del mundo mío
a las altas reuniones de los jefes de escuadra,
los sacerdotes o los sabios,
y me sentí más solo,
estaba allí conmigo,
esperando en la puerta,
el caballero del otoño.

Cuando tuve un amor,
desesperado y dulce como cualquier amor,
y recorrí las calles
en los amaneceres del regreso,
desgraciado y feliz como cualquier amante,
al entrar en mis dudas o al salir del hotel,

estaba allí conmigo,
el caballero del otoño.

La soledad se aprende y se conquista,
aunque llegue a nosotros
como revelación inesperada
de una tarde que juega con la lluvia.

Siempre estuvo conmigo,
el caballero,
la gala de mi vida,
la flor del tiempo.

PRIMER DÍA DE VACACIONES

Nadaba yo en el mar y era muy tarde,
justo en ese momento
en que las luces flotan como brasas
de una hoguera rendida
y en el agua se queman las preguntas,
los silencios extraños.

Había decidido nadar hasta la boya
roja, la que se esconde como el sol
al otro lado de las barcas.

Muy lejos de la orilla,
solitario y perdido en el crepúsculo,
me adentraba en el mar
sintiendo la inquietud que me conmueve
al adentrarme en un poema
o en una noche larga de amor desconocido.

Y de pronto la vi sobre las aguas.
Una mujer mayor,
de cansada belleza
y el pelo blanco recogido,
se me acercó nadando
con brazadas serenas.
Parecía venir del horizonte.

Al cruzarse conmigo,
se detuvo un momento y me miró a los ojos:

no he venido a buscarte,
no eres tú todavía.

Me despertó el tumulto del mercado
y el ruido de una moto
que cruzaba la calle con desesperación.
Era media mañana,
el cielo estaba limpio y parecía
una bandera viva
en el mástil de agosto.
Bajé a desayunar a la terraza
del paseo marítimo
y contemplé el bullicio de la gente,
el mar como una balsa,
los cuerpos bajo el sol.
                    En el periódico
el nombre del ahogado no era el mío.

SONATA TRISTE PARA LA LUNA DE GRANADA

Le ciel est par-dessus le toit.
PAUL VERLAINE

Esta ciudad me mira con tus ojos,
parpadea,
porque ahora después de tanto tiempo
veo otra vez el piano que sale de la casa
y me llega de forma diferente,
huyendo del salón,
abordando las calles
de esta ciudad antigua y tan hermosa
que sigue solitaria como tú la dejaste,
cargando con sus plazas,
entre el cauce perdido del anhelo
y al abrigo del mar.

Si estuvieras aquí
nada hubiese cambiado sino el tiempo,
el cadáver extraño de sus ríos
que siguen sumergidos
como tú los dejaste.

Ahora
siento otra vez mi cuerpo poblarse de veletas
y lo veo extendido
sobre generaciones de ventanas antiguas
mientras la noche avanza solitaria y perfecta.

Somos de una ciudad
cargada de paciencia,
que no conoce el sueño de los invernaderos,
ni ha vivido la extraña presencia del amor.
Como pequeñas venas
los comercios esperan para abrirse mañana
y el deseo no existe
más allá de la luna de los escaparates.

Hemos soñado ya todos los sueños,
hemos vivido aquí
donde la historia olvida sus raíles vacíos,
donde la paz es negra y se recoge
entre plazas cerradas,
sobre tabernas viejas,
bajo el borde morado del misterio.

Alguna vez soñamos
con un mundo distinto:
era cuando el imperio perdido del azúcar
y llegaban viajeros
al calor de la industria.
Las calles se llenaron de motores rugientes
y la frivolidad
como una enredadera brillante por los ojos
nos ofreció de pronto
templada carne, lámparas de araña.

Parece que os recuerdo
abrazados al mundo entre trajes de hilo,
entre la piel hermosa de una época
que nos dejó sus árboles,
el corazón grabado

sobre las pitilleras, y su dedicatoria
en las fotografías.

Ahora
cuando el destino ya no es una excusa
sino la soledad,
y los ojos están bajo el tejado
como tú los dejaste,
todo recuerda un sueño sucio
de madrugada.

Aquí
no tuvimos batallas sino espera.
La guerra fue un camión que nos buscaba,
detenido en la puerta,
partiendo con sus ojos encendidos
de espía
y al abrigo del mar.
Más tarde
entre canciones tristes de marineros rubios
todo quedó dormido.
De balcón a balcón
oímos la posguerra por la radio,
y lejos,
bajo las cruces frías de las plazas,
ancianas sombras negras paseaban
sosteniendo en las manos
nuestra supervivencia.

Esta ciudad es íntima, hermosamente obscena,
y tus manos son pálidas
latiendo sobre ella
y tu piel amarilla, quemada en el tabaco,

que me recuerda ahora
la luz artificial del alumbrado.

Vuelvo hacia ti. Mi corazón de búho
lo reciben sus piernas.
Como testigos mudos de la historia
acaricio las cúpulas perdidas,
palacios en ruina,
fuentes viejas
que recogen la luna
donde van a esconderse los últimos abrazos.

Verdes en el cansancio
de todas las esquinas,
esta ciudad me mira con tus ojos de musgo,
me sorprende tranquila
de amor y me provoca.

Amanece
moradamente un día
que las calles comparten con la lluvia.
La soledad respira más allá
de las grúas
y mi cuerpo se extiende
por una luz en celo que adivina
los labios de la sierra,
la ropa por las torres de Granada.

La madrugada deja
rastros de oscuridad entre las manos.
                                    Oigo
una voz que clarea. Lentamente
los tejados sonríen cada vez más extensos,

y así,
como una ola,
entre la nube abierta de todos los suburbios,
esta ciudad se rompe sobre las alamedas,
bajo los picos últimos
donde la nieve aguarda
que suba el mar, que nazca la marea.

FOTOGRAFÍAS VELADAS DE LA LLUVIA

A Ramiro Fonte

> Cuando la muerte quiera
> una verdad quitar de entre mis manos,
> las hallará vacías...
>
> LUIS CERNUDA

Cuando los merenderos de septiembre
dejaban escapar sus últimas canciones
por las colinas del Genil,
yo miraba la luz,
como una flor envejecida,
caerse lentamente. Lo recuerdo.

Y recuerdo en mi piel la enfermedad
de las horas inciertas. Por los alrededores
la mirada del niño primogénito
parecía saberlo.

Bombillas
contra un cielo sin fondo,
pintura de las mesas
más pobre y sin verano,
botellas olvidadas sin un solo mensaje
y la radio sonando
con voz de plata
como los álamos del río.

Antes que los humanos
los objetos aprenden a vivir en otoño.

Hasta un golpe de lluvia.

Entonces sí,
hay mujeres y hombres que corren al invierno
con gritos sorprendidos todavía
en la palabra agosto.
La lluvia de repente
que le devuelve a España su existencia
de periódico antiguo
y pone hacia el final de las películas
un beso triste, un dolor censurado.

Del verano se sale igual que de un recuerdo.
Nunca lo detenemos
en sus noches crueles de calor,
ni se queda en nosotros
la insistencia quemada de las calles,
los fantasmas eróticos
que jamás desembocan en un cuerpo,
noches de alcohol sin nadie,
la cuchilla del frío repentino,
la humillación de los amaneceres.

Pero del mismo modo
al recuerdo se vuelve igual que a los veranos,
con ganas de tocar el mar,
como un tiempo más nuestro,
la leyenda arruinada del nosotros más puro,
una memoria de la felicidad
que duele, nos desarma
y rueda en las colinas de la tarde

y nos busca después
cada septiembre
como los álamos del río
en esa flor envejecida
de nuestra propia casa.

Los pecados del tiempo son pecados mortales.

Y al fin todo se apaga, se deshacen en lluvia
los tiranos, las mañanas de iglesia,
los titulares de periódico,
la voz que dice no o que confirma un precio,
y también lo más noble,
esa costumbre del olvido
que va imponiendo sus fronteras,
porque el amor no sabe detenerse
y su fatalidad es la del agua.
Cosas como un reloj
en el brazo del niño que miraba la tarde,
como una marca de electrodomésticos,
una casa marina,
atardeceres rojos en la universidad,
una canción, un jardín provinciano.

O tal vez aquel coche
que regresaba de los merenderos,
estampa negra, temblor cerrado a combustible,
persiguiendo la lluvia con sus faros
entre los quitamiedos,
en los recodos de la carretera.
Oigo ahora su estrépito, el de un motor antiguo,
y lo veo que cruza
el bulevar de los sueños perdidos
hasta que se detiene delante de una casa.

Paseo de la Bomba, 18.
Alguien abre la puerta.
Los niños corren y desaparecen.

Cuando la muerte quiera
una verdad quitar de entre mis manos
las hallará vacías. Al cerrarme los ojos
se mojará los dedos con la lluvia.

Nos duele envejecer, pero resulta
más difícil aún
comprender que se ama solamente
aquello que envejece.

DEMOCRACIA

Venga a mí tu palabra
en los labios abiertos que me buscan
para morder la rosa de los amaneceres.

Venga a mí,
en los ojos del joven que levanta la mano
y pide la palabra,
y confía sin más en las palabras.

Por los años prohibidos,
por las mentiras tristes que manchaban el aire
como pájaros sucios,
por los que se levantan con frío en las rodillas
y por el exiliado que regresa,
por su recuerdo herido al bajar del avión,
venga a mí tu palabra.

A mí,
que quise hacerme hoy
en primera persona del futuro perfecto
con un libro de amor en el bolsillo.

Por los libros de Freud y de Marx,
por las guitarras de los cantautores,
por los que salen a la calle
y no se sienten vigilados,
por el calor del cuerpo que aprendí a respetar
mientras lo desarmaba con mi cuerpo,

por los ojos brillantes
de los antiguos humillados,
por las banderas libres en las plazas
igual que peces de colores,
por un país altivo,
mayor de edad, pero con veinte años,
por los viajes a Londres y a París,
por los poemas de Cernuda,
venga a mí tu palabra.

Tu palabra más limpia, más alegre,
porque es el tiempo alegre de las palabras limpias.
Los buitres han perdido su carroña de miedo.
Parece que no tienen donde ir
y vuelan a esconderse,
a esconderse,
muy lejos de nosotros,
en la tumba más fría del pasado.

INTENTO, SIN COMPAÑÍA, DE REHABITAR UNA CIUDAD

Pienso en la solución confusa de este cielo,
la lluvia casi a punto en la mirada
débil que las muchachas me dirigen
acelerando el paso, solitarias,
en medio del acento que se escapa
como un gato pacífico
de las conversaciones.
Y también pienso en ti. Es la exigencia
de cruzar esta plaza, la tarde, Buenos Aires
con nubes y mil cables en el cielo,
cinco años después
de que lo conociéramos nosotros.

Los que vienen de fuera siguen viendo
ese resumen ancho de todas las ciudades,
ríos que de tan grandes
ya no esperan el mar para sentir la muerte,
cafés que han encerrado
la imitación nostálgica del mundo,
con mesas de billar y habitantes que viven
hablando de sus pérdidas en alto.

Mientras corre la gente a refugiarse
de la lluvia, empujándome,
pienso desorientado
en el dolor de este país incomprensible
y recuerdo la nube

de tus preguntas y tus profecías,
selladas con un beso,
en la Plaza de Mayo,
camino del hotel.

Testigos invisibles para un sueño,
hicimos la promesa
de regresar al cabo de los años.
Parecías entonces
eterna y escogida,
como cualquier destino inevitable,
y apuntabas el número de nuestra habitación.
Ahora,
cuando pido la llave de la mía
y el alga de la luz en el vestíbulo
es lluvia rencorosa,
vivo confusamente el desembarco
de la melancolía,
mitad por ti, mitad porque es el tiempo
agua que nos fabrica y nos deshace.

Castillo de Bellver, 1º de abril de 1808.

Porque sé que los sueños se corrompen,
he dejado los sueños.
El mar sigue moviéndose en la orilla.

Pasan las estaciones como huellas sin rumbo,
la luz inútil del invierno,
los veranos inútiles.
Pasa también mi sombra, se sucede
por el castillo solitario,
como la huella negra que los años y el viento
han dejado en los muros.
Estaciones, recuerdos de mi vida,
viene el mar y nos borra.

El mar sigue moviéndose en la noche,
cuando es sólo murmullo repetido,
una intuición lejana que se encierra en los ojos
y esconde en el silencio de mi celda
todas las cosas juntas,
la cobardía, el sueño, la nostalgia,
lo que vuelve a la orilla después de los naufragios.

Al filo de la luz, cuando amanece,
busco en el mar
y el mar es una espada
y de mis ojos salen

los barcos que han nacido de mis noches.
Unos van hacia España,
reino de las hogueras y las supersticiones,
pasado sin futuro
que duele todavía en manos del presente.

El invierno es el tiempo de la meditación.

Otros barcos navegan a las costas de Francia,
allí donde los sueños se corrompen
como una flor pisada,
donde la libertad
fue la rosa de todos los patíbulos
y la fruta más bella se hizo amarga en la boca.

El verano es el tiempo de la meditación.

Y el mar sigue moviéndose. Yo busco
un tiempo mío entre dos olas,
ese mundo flexible de la orilla,
que retiene los pasos un momento,
nada más que un momento,
entre la realidad y sus fronteras.

Lo sé,
meditaciones tristes de cautivo...
no sabría negarlo.
Prisionero y enfermo, derrotado,
lloro la ausencia de mi patria,
de mis pocos amigos,
de todo lo que amaba el corazón.

En el mismo horizonte
del que surgen los días y la luz

que acaricia los pinos y calienta mi celda,
surgen también la noche y los naufragios.
Mis días y mis noches son el tiempo
de la meditación.

Porque sé que los sueños se corrompen
he dejado los sueños,
pero cierro los ojos y el mar sigue moviéndose
y con él mi deseo
y puedo imaginarme
mi libertad, las costas del Cantábrico,
los pasos que se alargan en la playa
o la conversación de dos amigos.

Allí,
rozadas por el agua,
escribiré mis huellas en la arena.
Van a durar muy poco, ya lo sé,
nada más que un momento.

El mar nos cubrirá,
pero han de ser las huellas de un hombre más feliz
en un país más libre.

DEFENSA DE LA POLÍTICA

Y qué decir de ti,
amiga mía,
compañera de curso en la Universidad
y más tarde serpiente vigilada
en las conversaciones,
igual que una epidemia por las calles.
Y qué decir,
sino que te conozco desde hace muchos años
y vivo de tu parte.

Cuando me arrastro solitario
por los extremos de mi vida,
da gusto coincidir,
hablar contigo,
porque después de las preguntas
y las lamentaciones,
el recuerdo es también palabra nueva,
y cambiar, decidir o sentirme yo mismo
no llega a confundirse con las ascuas
de un asunto penoso.
Tú que sabes reír, guardar silencio
o retorcer canciones al final de una noche,
nunca me fallas si te necesito.

Yo sé que te preocupa tu futuro
y que debes ahorrar en tiempos de imprudencia.
Por eso te defiendo de los calumniadores.
Cuando somos corruptos te llamamos corrupta.

Nuestra pobre avaricia tarda poco
en acusarte de avarienta,
y nada es más obsceno
que mentir en tu nombre
para después llamarte mentirosa,
a ti, mujer de mala fama,
que sólo has intentado quedar bien,
abrazar a la gente
en una fiesta rota.

No se puede decir que con nosotros
las manos de la vida modelarán
una historia de amor.
Nos conocemos demasiado.
Pero es verdad que alguna noche,
con las excusas de la soledad,
subimos juntos a tu habitación
y nos necesitamos.

Siempre me excita descubrir
la luz de mi inocencia en tu inocencia,
esa luz que apagamos
para buscar el resplandor,
lo que hay de entrega tímida
y de primera vez
en nuestro abrazo.

Y cuando los domingos santifican
la mañana orgullosa de este país de súbditos,
me gusta pasear
entre el rumor de las miradas.
Los que viven tranquilos pueden ver en tus ojos
la primavera de mi oscuridad,
y el color conmovido
de un mundo que no duerme.

CANCIÓN TACHADA

Aquel hombre salió cuando la luna
se tendía en las manos del último minuto.

Era el frío
ese orgullo de plata que cruzaba la calle,
porque estaban cediendo las persianas
de los bares cumplidos
y al doblarse dejaba la noche en los portales
ecos de antigua historia con personajes íntimos.

Bajó sin libertad por el camino
de las horas vacías.
Ya no le acompañaban
ni el líquido leopardo de su sombra
ni los pasos oídos.

Sólo el puente del río,
sólo el jardín innoble a la orilla del río,
sólo calles de luz contaminada,
sin forma, sucediéndose,
como el agua de un río.

Nunca supo la luna explicar de qué modo
aquel hombre salió de aquella madrugada.

CANCIÓN AMARGA

En la cara lleva
tres años perdidos
y el frío de las seis de la mañana.

Van a partirte el corazón.
De pronto
la luz apagada,
los pasillos turbios,
la puerta que clava su ruido en la espalda.

Van a partirle el corazón.
Y arrastra
una cadena oscura
de pasiones heladas,
ese frío que cabe solamente
detrás de una palabra.

Y yo la veo caminar,
despacio,
perderse en lo que anda,
fugitiva tristeza que va y viene
de la sombra a la puerta de mi casa.

La luz artificial deja en la calle
el temblor silencioso
de tres barcas ancladas.
Cuando ella cruza por mi lado siento
como un golpe de remos
y un murmullo de agua.

CANCIÓN SIN NADIE

En el décimo B
no amanecen los días y las noches
ya no tienen un sueño para el amor o el miedo.

Tras las ventanas sucias,
de la mujer ausente nadie sabe.
Sus paredes la dan por desaparecida.

Una mujer ausente
y el cisne negro de la soledad
que se posa en un lago de luz desalquilada.

Ya nadie sabe nunca.
Pero alguien que pasa sin saber
piensa que el viento flota con olor a cerrado.

¿Quién habla del amor? Yo tengo frío
y quiero ser diciembre.

Quiero llegar a un bosque apenas sensitivo,
hasta la maquinaria del corazón sin saldo.
Yo quiero ser diciembre.

Dormir
en la noche sin vida,
en la vida sin sueños,
en los tranquilizados sueños que desembocan
al río del olvido.

Hay ciudades que son fotografías
nocturnas de ciudades.
Yo quiero ser diciembre.

Para vivir al norte de un amor sucedido,
bajo el beso sin labios de hace ya mucho tiempo,
yo quiero ser diciembre.

Como el cadáver blanco de los ríos,
como los minerales del invierno,
yo quiero ser diciembre.

CUARENTENA

Con qué ferocidad y a qué hora importuna
salen tus veinte años de la fotografía
para exigirme cuentas.
En los ojos heridos por la luz
sostienes la mirada de mis sombras,
en el descaro de tus profecías
desdeñas la lealtad de mis recuerdos,
en la piel transparente
anegas el cansancio de mi piel
y defines mis años por traiciones.

No escandalices más,
hablemos si tú quieres,
elige tú las armas y el paisaje
de la conversación,
y espera a que se vayan
los invitados a la cena fría
de mis cuarenta años.
Por evaporaciones,
como las aguas sucias de los charcos
se acercan a las nubes,
caminaré contigo
hasta la plaza de tu juventud.
Allí están los magníficos
árboles de las ciencias y las letras
con sus palabras en el mes de mayo,
y el orden de los números

a la orilla del tiempo,
más cerca de las sumas que de las divisiones.

Imagino tu voz, supongo el aire
—porque a veces regresa hasta mis labios
en noches de espesura—
con el que afirmarás
que toda libertad es una roca,
que no faltan el viento y las razones,
sino la voluntad en el timón,
para gritar después que mi conciencia
es ya ropa tendida,
palabras puestas a secar.

Tendrás razón. No digo
ni la mitad de lo que siento.
Pero recuerda que mi soledad,
la que arde en mi lámpara de desaparecido,
es el silencio de las causas públicas.
Y puedes comprenderme:
mis mujeres dormidas,
el cajón de los barcos indefensos,
un teléfono antiguo...
todas las tachaduras se parecen
a la inquietud que sufres
ante la vida en blanco.

Ya que fuerzas mis sombras con tu luz
comprende mi silencio en tus exclamaciones.
Porque sabes que sé
el lado frágil de la impertinencia,
lo que hay de imitación en tu seguridad,
la certeza que llega de los otros
para empujarte

por el afán de ser el elegido,
por el deseo de gustar,
hasta vivir de oídas en muchas ocasiones.

Aceptaré las quejas, si tú me reconoces
la legitimidad de la impostura.

Ahora que necesito
meditar lo que creo
en busca de un destino soportable,
me acerco a ti,
porque sabías meditar tus dudas.
Cuando tengas la edad que se avecina,
admitirás el tiempo de los encajadores,
la piel gastada y resistente,
el tono bajo de la voz
y el corazón cansado de elegir
sombras de pie o luz arrodillada.

Después de lo que he visto y lo que tú verás,
no es un mal resultado, te lo juro.
Baja conmigo al día,
ven hasta los paisajes verdaderos
en los que discutimos,
y me agradecerás
la difícil tarea de tu supervivencia.

Por favor, no hagan ruido
en la tranquilidad de este poema
escrito con la mano
del que cierra la puerta al apagar la luz.
Mis tres hijos acaban de dormirse.
Necesito el silencio para pensar en ellos.

Colores indelebles en un lápiz
de trazado infantil
vuelven a dibujar
—pero esta vez en serio—
un árbol, una casa, la memoria
de una luz encendida
con sabor a diciembre,
los cristales del miedo
y la ilusión del porvenir
bajo el sol de los días laborables.

Un hijo es el segundo país donde nacemos.
Con su falta de edad nos hace cumplir años
y nos devuelve
al mundo del reloj,
a las llamadas telefónicas
que son una raíz
en la orilla del tiempo.
Un hijo nos enseña a preguntar
con voz de agua
la verdad decisiva de la tierra.

Ser como juncos, y en amor flexibles,
no asegura respuestas
ni confirma el reposo.

Elisa, Irene, Mauro,
cada cual con su puerto y con su lluvia,
luces cambiantes en el mismo río.
Nadie comente, por favor,
que acabo de escribirles un poema.
Los hijos crecen con espinas.
Nunca sé imaginar
lo que pueden decir de lo que digo,
lo que pueden pensar de lo que pienso,
lo que pueden hacer con lo que hago.

Así
como pasabas
en el amanecer
de la mitología a los teléfonos
para llamar de pronto,
o de las multitudes al desorden
solitario y esquivo de tu cuarto
en la calle Princesa,
pasas también ahora
de la muerte a la vida,
de los recuerdos al estar aquí,
habitando la mesa donde escribo.

En su rincón más nuestro,
ese que no depende del pasado,
la memoria es azul, y callejera,
y pura realidad, como los versos
que convierten el mar en la nevada
y los ríos de tinta en un amanecer
para que cante el gallo sobre el reino
de la metamorfosis.

Hablamos del amor y la poesía,
tal vez porque este cielo ha decretado
un violeta de Bécquer sobre el mundo,
que guardas en tu voz
como en las páginas de un libro.

Orgulloso de ti,
prefiero los aciertos a la mediocridad
del que cuenta los días y las sílabas
para evitar errores.
Los que han amado mucho
no desmienten su amor
con una mala boda.
Los que escriben poemas necesarios
continúan ardiendo
sobre la leña seca de los libros.
Da igual la perfección,
la irregularidad o la abundancia.

Orgulloso de mí,
vuelvo a ser el muchacho
que te ha visto llegar desde la historia,
con tu mitología
de poetas, república y exilios.
Y llamas por teléfono,
y preguntas la hora,
y sugieres la cita,
conmigo mano a mano,
busquemos otros montes y otros ríos,
para comer al sol de las afueras.

En aquel restaurante del pinar
han subido los precios.
Ahora no puedes invitarme.
Pago la cuenta solo,
pero volvemos juntos en el coche,
y te quedas dormido
sobre el último verso de algún clásico,
o quizás en la cumbre de una rama.

Una vez más me siento el elegido,
mientras el día se disuelve
en el retrovisor
como la inspiración en un poema.

MORELIA

A Marco Antonio Campos

Soy cobarde.
Pero también mantengo la dignidad. Procuro
no vender la sonrisa
que los fuertes esperan.
Por eso corro hasta mis versos
como el niño que huye hacia su cuarto
cuando empiezan los gritos de la casa.
Me duermo y amanezco.

Ya da el sol en las piedras de Morelia.
Me levanté muy de mañana
a caminar las calles
de una ciudad que ha sido
ese recuerdo en el que nunca estuve.
Tampoco estuve nunca en el Madrid bombardeado,
pero crecí mientras buscaba
una verdad en la memoria.

Más que la tierra limpia,
me emociona el paisaje de cultivos,
la piedra que las manos edifican,
paredes que comprenden
un relevo de vidas cotidianas,
de cuerpos, de murmullos, de tacones
que bajan la escalera,

de peldaños que corren hasta el sótano
antes del bombardeo.

1939,
tal vez, o 2005,
es la historia del agua,
la lluvia repetida en el invierno
como una condición de la miseria.
El sol abre los ojos
y puede ver la infancia de un país
que huye de la guerra,
que cruza el mar,
que desciende del barco,
como la historia, en fila,
muy peinada la historia
con su maleta de cartón,
con sus recuerdos
sin estatura y para siempre,
mientras ordena el equipaje
en la ciudad que la recibe.
Valladolid. Morelia.
Suave patria.

Miro la catedral, el internado,
los edificios nobles,
y en la imaginación,
donde se viven los recuerdos
para que las historias generales
puedan gozar de intimidad,
agradezco la luz al descubrir
una nobleza humana
más alta que las piedras y los bosques.

Poco a poco la gente ha invadido las calles.
Estoy acompañado y solo
en una plaza de Morelia.
Pero siento que corro hasta mi habitación,
siento que me refugio
de los años, del agua, de la muerte,
de todo aquello, frío y desarticulado
como un juguete roto,
que me fue separando de la infancia.

COLLIURE

Un rincón en el mundo
detrás de una frontera,
o detrás de los años y los amaneceres
con la esquina doblada
como la página de un libro,
o detrás de las curvas de una guerra.

Se conmueve el camino a la orilla del mar.
Parece un látigo en el aire
de febrero lluvioso.
Cuando baja del coche,
Ángel González duda,
pone sus pies heridos en la historia
y sube muy despacio,
entre muros franceses
y casas repintadas
con el azul de los veranos,
hasta llegar al cementerio.

Lo que nos trae aquí,
no es el sol de la infancia.

Los lugares sagrados nos permiten vivir
una historia de todos en primera persona.
Las flores de la tumba de Machado
imitan el color de una bandera
sagrada por mandato
de mi melancolía.

Aquello que perdimos una vez,
y el frío de las manos, la palabra en el tiempo,
el dolor de las vidas que se cortan
en el cristal de los destinos rotos,
descansa hoy, casi desnudo,
en una tumba de poeta.

¿Cuándo llegamos a Sevilla?,
preguntaba su madre al entrar en Colliure.

Qué difícil la suerte
de los pueblos que viven protegidos
por la misericordia de un poema.
Qué difícil la última
soledad de Machado.

La luna llega al mar,
el mar llega a Sevilla,
nosotros a un recuerdo
y a esta pálida,
desarmada emoción
de compartir una derrota.

VISTA CANSADA

A Carolyn y Francisco

La vida no es un sueño.

He comprobado el mar con sus cadáveres,
la existencia del sol, la piel, los fríos,
las luces con sus horas,
las puertas que los años dejan mal cerradas.
Olvidos y recuerdos tienen los mismos ojos.

Las palabras, como un atardecer
que se confunde con la noche,
son arena que cae delante del vacío.
Nunca discute el tiempo
la consigna de musgo que recibe.
Pero pierde las llaves de sus puertas.
Ahora aprendo a vivir con la vista cansada.

Cansado estoy de verte
mundo extraño,
prestigio del dolor,
exactitud de la mentira,
corona turbia
de los estercoleros habitados.
Cansado estoy de ver
las muertes humilladas
en las habitaciones del silencio.

Me duelen
los finales injustos,
que cierran nuestros ojos
porque somos cadáveres vivientes.

He comprobado el mar. La vida no es un sueño.

¡Qué lepra de banderas!
¡Qué decencia de números podridos!
¡Qué paisaje de escombros!

Pierde el tiempo sus llaves,
y yo busco mis gafas,
para seguir aquí,
en las ventanas y las mesas,
con los años abiertos
al pie de la ciudad.

Allí se reconocen,
al sur, al otro lado de esa nube,
de la torre, a la izquierda, justo allí,
las ramas de la vida, la memoria,
los pinares pacíficos,
el abrazo que pide una verdad,
el viento que levanta una alegría,
las ruinas hermosas,
la habitación serena en donde se recuerda,
con la luz apagada,
la historia libre de la dignidad.

No hablo de ilusiones,
sino de dignidad, y de mis gafas,
cristales trabajados que me ayudan
a comprobar el precio de las cosas,

a buscar los teléfonos que quiero,
a recorrer los libros,
a mirar el reloj y los periódicos.

A estar aquí,
en una compartida soledad,
para ver lo que pasa
con nosotros.

ORACIÓN

A vosotros,
que cortáis la manzana de la muerte
con el anonimato de una guerra,
os pido caridad.

Por un Dios
en el que jamás he creído.
Por una Justicia
de la que desconfío.
Por el orden de un Mundo
que no respeto.

Para que renunciéis a vuestra guerra,
yo renuncio a mis dudas,
que son parte de mí
como la luz amarga
es parte del otoño.

Y escribo Dios, Justicia, Mundo,
y os pido caridad,
y os los suplico.

LA TRISTEZA DEL MAR CABE EN UN VASO DE AGUA

No hay pues mujer más sola,
más tristemente sola,
que la que quiere amar a un hombre triste.

PIEDAD BONNETT

Y hermosas muchachas solas que dan miedo
—pues uno no sabe bailar, y es triste—.

RUBÉN BONIFAZ NUÑO

Los hombres tristes,
que tienen en sus ojos un café de provincias,
que no saben mentir como quien dice,
que se esconden detrás de los periódicos,
que se quedan sentados en su silla
cuando la fiesta baila,
que gastan por zapatos una tarde de lluvia,
que saludan con miedo,
que de pronto una noche se deshacen,
que cantan perseguidos por la risa,
que abrazan, que importunan hasta quedarse solos,
que retornan después a su tristeza
igual que a su pañuelo y a su vaso de agua,
que ven cómo se alejan las novias y los barcos,
esos hombres manchados por las últimas horas
de la ocasión perdida,
se parecen a mí.

EN CADA LEALTAD HAY UN RUMOR
DE TRANSPARENCIA

Yo he querido un respeto de cristal.

Que la lluvia viniese sobre mí
con sus alas de tarde,
que la noche difícil se moviera
como un vaso de agua en nuestra mano,
que las enamoradas
buscasen un espejo donde sentir los labios,
y que la historia
con su tacón injusto
no pisara mi vida,
porque la lluvia y yo
y las enamoradas y el espejo
no somos partidarios de los cristales rotos.

PARA SABER DE MÍ HAGO NOCHE
EN LA CASA DE UN AMIGO

A Tony L. Geist

No quiero molestar. Los dueños de la casa
duermen y no son horas
de despertar a nadie.
Hay que tener cuidado al encender la luz,
bajar al baño, recibir
llamadas en el móvil
o buscar agua fría en la nevera.
Está la noche calma,
el silencio vigila los pasillos
y los relojes sufren en el calor de julio.

Tardamos en dormir,
se hizo larga la cena porque había
historias que contar,
demasiado equipaje
de los últimos años.
Las viejas amistades están certificadas,
deshacen los kilómetros y el tiempo
para que todo ocurra como si fuese ayer.
Me han visto igual que siempre,
han opinado con razones mías
más veloces que yo. Sólo recuerdan
lo mejor que hay en mí.

Y ahora, desvelado,
no quisiera hacer ruido. Sin encender la luz

piso las escaleras con los pies de una sombra,
le explico a la quietud de la cocina
la diferencia horaria de mi sed,
llamo a Madrid, ruego que me perdonen
porque nunca he sabido despedirme,
en voz baja comento los detalles del viaje
y me encierro en el baño
donde soy cuidadoso como un gato intranquilo
para no dejar huellas.

Nadie se ha despertado,
pero todos mis ruidos están en el espejo.
Allí veo correr el agua sucia
de un hombre silencioso. No conviene
despreciar esta rara lección de intimidad.
Para saber de mí
hago noche en la casa de un amigo.

RECUERDO DE LOS MERCADOS

> Metros, litros, esencia
> aguda de la vida.
> PABLO NERUDA

Son el mundo cantado.
Un ruido que se mete por los ojos.

Sobre los puestos de manzanas,
muerde la luz del sol.
Pequeños afluentes han llegado a formar
un río de preguntas y de manos
que pasa entre los toldos,
saluda a las banderas
de la ropa mecida por el viento,
y bordea las cajas de zapatos.

Como el norte y el sur,
las muchedumbres y la soledad
alcanzan un extremo de límites confusos.
Los ojos piden precio,
las bocas se sorprenden, se quejan, redondean,
para cerrar el trato.

Venid a oír la voz del baratero,
el pregón del aceite,
de las piezas de tela
y los viejos grabados.
Pruébate la chaqueta del marino,
descubre el mar en esta caracola,
o el genio de esta lámpara,

mientras el verbo ser
es una especie de pescado
y el verbo estar reúne
adjetivos de luz coloreada
como los mostradores de la fruta.

Venid aquí,
murmullo de ambición,
de comprar y vender
bisutería huérfana
y objetos reparados.
Aquí donde se abrazan
la piel de las ciudades
y los suburbios del deseo.

Hoy descubro la vida en unos ojos
y en una manta callejera
con libros sorprendentes que esperaban
en la imaginación.
Bajo hasta mí por las orillas
madrileñas de El Rastro,
y me pierdo en el tiempo,
mercadillo de pulgas,
hasta llegar sin prisa
a los domingos de San Telmo,
o al mercado del viernes en Damasco,
que descubrí como una enredadera
de gritos y naranjas
al buscar la mezquita
donde descansa en paz
la memoria de un místico.

Alguna vez el mundo llegará a ser perfecto.
Pero estará vacío.

TAL VEZ NOS VAMOS DE NOSOTROS MISMOS,
PERO QUEDA CASI SIEMPRE UNA PUERTA
MAL CERRADA...

Cuando cierro la puerta de mi casa
suelen los escalones llenárseme de dudas.
Es posible, tal vez
la luz trabajadora del despacho
se ha quedado encendida,
no sé si corté el agua
y además me parece
que no le di dos vueltas a la llave.

Es como cuando salgo de alguna discusión
y el ascensor se cubre de verdades no dichas.
Van conmigo respuestas decisivas.
Más tarde siento miedo
de aquellos dos minutos de intemperie.
Yo levanté la voz, los demás se callaron
y se rompió la copa.

Es como cuando salgo de una fiesta
y me asalta el temor
de que alguien se haya molestado.
¿Me despedí de ella? ¿Debería
acordarme de él?
¿Entendieron la broma
y la doble intención de mis palabras?
¿Ha llegado a saberse
la pequeña mentira del viernes por la tarde?

Es como cuando salgo de mí mismo,
después de haber nadado entre dos aguas
incluso en la bañera.
Dejo la ropa sucia a los pies de la silla,
una cama deshecha,
los platos sin lavar,
toallas en el suelo, y en el cuarto de baño
un espejo con niebla
donde está todavía
el desnudo sin piel del impostor
que ahora sale a la calle,
y saluda a los otros,
y atiende a quien le llama por su nombre.

Todo es raro y difícil
como sentirse Luis,
como vivir en el segundo izquierda de la noche,
ser español o estar enamorado.

Tal vez nos vamos de nosotros mismos.
Pero queda una luz, un grifo abierto,
la sombra de una puerta mal cerrada.

ENTRETIEMPO

En contra de mi cuerpo,
de su pasado y sus razones,
la historia me devuelve
al reto de vivir
como en una segunda adolescencia.

Vuelvo a temer aquello que deseo,
otro lujo encantado en esta parte
de mis horas tardías. No necesito el mundo
que discute y se ama y se desborda
con sus reglas ajenas
en el piso de abajo.

Quiero mi habitación, aunque la casa
sea un árbol enfermo. Aquí están la memoria
de haber sido, los años de ilusiones,
la lluvia del sendero en cada libro
que guardo todavía y la ventana
sobre aquella ciudad que sólo existe
doblada con mi ropa.

En la ciudad de hoy
reconozco los pasos
de la ambición, el éxito, la angustia,
la lealtad, las traiciones
y los amaneceres conjurados,
pero ya no se anotan
en mi suma de pérdidas o aciertos.

Es un saldo difícil, bien lo sé.
Después de haber cerrado la contabilidad,
no me siento conforme en la renuncia.

Por eso voy al mundo,
hablo, niego, maldigo, bebo más de la cuenta,
asumo la impaciente brevedad
de los que están quemándose las manos
con este nuevo sol y esta luna más joven...

y huyo del espejo de los bares,
porque si llego a verme por descuido
al entrar o salir,
me reconozco
más descreído de lo conveniente
para unas camisas de colores
que no conjuntan con la sombra.

El Gótico no acaba de morir,
ni despunta la luz en el Renacimiento.
Una vez más cabalgo por un otoño idiota.

Todo tiene que ver,
aunque las velas de los cumpleaños,
la música que suena
y los nuevos actores
insistan en decirme
que no estamos hablando de política.

Nada tiene que ver.
Da igual viajar o estarse quieto.
Se trata de sentirse conmovido,
de vivir fatigado.

Ser dos ojos
que deben contemplar la triste historia
del joven español que se hace viejo.
Al fondo de la clase,
un murmullo de himnos, canciones y protestas.

Miro en aquel pupitre
a ese niño que fui. Estaban las preguntas
en un folio marcado con yugos y sotanas.
De memoria sabía
rezar, callar, decir que sí, perdón,
no me lo tome en cuenta.

Me veo adolescente. El muchacho de al lado
aprendió sus lecciones. Yo procuro copiarme
para correr y luego
imaginar los ríos de montaña,
el agua pura
hasta donde no llegan las mentiras,
ni el privilegio impune,
ni la pobreza calculada
como una enfermedad de la nación.

En la última fila
rebusca en su libreta el joven descarado
que ya no tiene miedo,
que no soporta el gris,
que no piensa perder porque desprecia

las mentiras ocultas en las buenas palabras
y en los malos silencios.

Vigilar un examen
sobre historia de España. Ser dos ojos
de persona mayor
doctorada en antiguas esperanzas
que una vez más observa
la fatuidad, la corrupción, la falta
de pudor en los jefes de la tribu.

Nada me cansa más
que corregir exámenes. Ver cómo pasa el tiempo,
envejecer, sentirse tachadura
sobre papeles amarillos,
víctima y responsable
de un amargo suspenso general.

REHABILITACIÓN

En las afueras,

por los suburbios de mí mismo,
me dan hora en un centro
de rehabilitación.

Digo mis dependencias:
marcas de lucidez,
mundo que se repite,
desobediencia en las extremidades,
vista cansada de vivir a ciegas.

El auxiliar obliga,
extiende poco a poco la razón,
flexiona el horizonte.

Desaparecerán un día las secuelas.
Lo vuelve a confirmar quien me lo dice,
pero también avisa:
ya no es lo mismo que a los veinte años.

Bastaba en otro tiempo
poner el pie sobre la tierra,
andar por el presente.
Ahora se trata de sentir
que el pasado no es una mentira.

Sobre la mesa están
ideas con ceniza, lo perdido,
las inutilidades y el error.

Quizá también el sol, quizá la luna,
ojos en un suburbio de mí mismo.

MI HABITACIÓN

Está donde las cosas
se atreven a decir impertinencias.
Viven de conspirar, como en familia,
sobre el tiempo que faltó de la casa.
Pero si me decido
a comprender la paz de la rutina
y me quedo con ellas
enseguida dan muestras de cansancio.
Lo confieso: mis cosas son las cosas
que se cansan de mí.

En una situación de sol al mediodía,
cuando llegan rumores de la calle
más tibios que la fe de una butaca,
los espejos contrarios,
los mismos que me han dicho tantas veces
de dónde vienes hoy y en esta forma
preguntan extrañados
¿es que sigues aquí?,
como si no quisieran encontrarse conmigo.

Y cuando me levanto,
más por obedecer que por deseo,
empiezan los bolígrafos,
la ropa del cajón o el calendario.
¿Adónde vas? ¿Adónde vas ahora?

Nada se soluciona con sentarme.
Los discos y los libros guardan mapas
encima de la mesa.
Una fotografía de ciudad con misterio
cae del televisor como un anónimo.

Aunque lo más difícil espera en la maleta.
¿Quién eres tú?, demanda,
y confunde un saludo con una detención.
El eco no perdona.
¿Quién eres tú?, repite la lámpara del techo.
¿Quién eres tú?, la mesa de la esquina.
¿Quién eres tú?, postales y carpetas.
Es la disgregación que me despide
cuando cierro la puerta
y llamo el ascensor.

Lo confieso: mis cosas son las cosas
que se cansan de mí.
          —Pero dejadme en paz
como yo mismo.

EN UN LIBRO DE LUIS CERNUDA

El poema se apaga sobre mí
como la tarde del invierno
sobre los campos y la carretera.
Uno aprende a vivir en dos ciudades.
El sol que muere no es el tiempo,
pero conoce todos sus secretos
y he pasado los años rompiendo lo que soy
para poder estar conmigo mismo.

Dos ciudades,
un poema de otro que se borra y se da,
igual que yo me borro para darme
al sugerir palabras
que encuentran su verdad en medio del camino.

Al leer su fracaso,
sus entregas de amor, su libertad desnuda y fría,
el rencor de su orgullo y su conmovedora
forma de estar con la belleza,
descubro el ser oscuro de la luz,
la cobardía del valiente,
la soledad primera
de todo amor que sabe su destino.

Fácil imaginarlo y entender
cómo vive en sus libros, en sus cartas
y en la memoria del amigo. Está
oculto en esa esquina de la calle,

mirando hacia el balcón
donde se vuelven música
las sombras de otros cuerpos.

Su paradoja ofrece una lección extraña:
ser uno de los grandes
atado a la miseria de la debilidad.
Su torpeza, su ley, sus injusticias
y una violeta sobre el mundo.

Alejado de todo lo que quiero,
comprendo más que nunca su palabra.
Yo rompo lo que soy
para poder estar conmigo mismo.

INDULTO

A Joan y José Emilio

Llamo a conserjería. Tengo frío en el cuarto
y no funciona la calefacción.
Miro por la ventana este paisaje
de vertederos en la niebla sucia.
Ni siquiera la niebla puede ocultar los plásticos,
las latas, la carroña convertida en silencio.
Sólo un rayo de luz
al desnudarlo todo delante de mis ojos
me concede el indulto.
Es una petición en esta vida.

Se han olvidado. Nadie responde a tus llamadas.
¿De qué te quejas?, pienso. Ya lo sabes,
te vas a morir solo.
La muerte es ejercicio solitario
y no habrá nadie más que tú
allí donde se duerman los recuerdos
y las preocupaciones.
Pero pasos de luz en la escalera
—apenas un rumor en el que están los otros—
me suben el indulto.
Es una petición en esta vida.

Como un gato que sale del estiércol,
como el murmullo de la gente
que sufre y se sostiene,

como una habitación en la frontera,
la poesía te indulta.
Con su equipaje pobre para viajar contigo,
más real que el silencio y la carroña,
incompleta, sin tiempo, mal doblada,
la poesía te indulta.

ADÁN Y EVA

A Raúl Zurita

Nevaba sobre el campo
de refugiados. Blancas
estaban las laderas
heridas por las botas
del ejército turco.
Detrás de la alambrada
oían a los perros
ladrar en los camiones.

Entonces ocurrió.
Poniéndose de pie,
pasaron como sombras
muy cerca del anciano,
la huérfana y el viudo.
Al quitarse el abrigo,
oyeron el silencio
bajo los cielos rotos.
Al quitarse el jersey,
los zapatos mojados,
los pantalones sucios
y la ropa interior,
sintieron su destino
sobre la tierra abierta.

Ahí estaba la historia
resumida en dos cuerpos.

Sus desnudos cruzaban
los siglos, las fronteras
y todos los altares
hasta ocupar llorando
el origen del mundo.

Sobre la piel ardía
la luz de un reflector.

La bicicleta estática
mira por el balcón el paso de la gente.
La plaza sigue en obras, son dos años
en el cuentakilómetros,
mientras las piernas corren sin moverse de aquí
y los árboles vuelven a observar,
en tierra viva,
cerrados para el público,
la tarde que se cae como un pájaro
en medio de una curva.

Llegan con disciplina estrafalaria
algunos personajes que conocen
el lado roto de la valla.
Ahí están
el borracho que busca su rincón,
el mendigo con perros altruistas,
la pareja de novios
y el grupo de muchachos que fuman marihuana.
Sin moverse de aquí,
pedalean los años en todas direcciones.

Mi memoria está en obras, los recuerdos
cruzan el lado roto de la valla
para hablarme de mí
con disciplina estrafalaria.
Son mendigos del tiempo,
están ebrios,

vuelven al mismo abrazo
y a la misma quimera,
cómplices de un dolor
que intenta mantenerse en condiciones físicas
para seguir viviendo
después del accidente.

Mis ojos fatigados
se encuentran con sus ojos.
No conoció conquistas,
ni lenguas extranjeras,
ni evangelizaciones.
Tampoco ha conocido
independencias, gentes
levantadas en armas,
políticos corruptos.
Hace ya muchos años,
su tribu la escogió
para honrar a los dioses.
Enterrada en la nieve,
a través de los siglos,
su mirada infantil
aprendió por sí sola
la oscuridad, el miedo,
los mandatos del frío.
Orgullo de sus padres,
no hizo falta en su muerte
ninguna fecha histórica.

Salgo a la calle, miro
el cielo azul, la nieve,
los volcanes, los muros
cerrados del convento,
el patio de una escuela,
los juegos en la plaza.

Desamparada niña,
con ojos ya muy secos
y con la boca abierta,
hoy vive entre turistas.
Quien busca la inocencia
en manos del pasado
sacrifica el futuro
a un fuego de bengalas.

1492

Los caminos se cruzan.
Hay fechas que murmuran para quedarse abiertas
cuando leo la palma de mi mano.
¿Qué cabe entre sus pliegues?

Por ejemplo un colegio
y una mañana larga sentada en mis rodillas
por los años sesenta,
que pudo ser de lluvia, de sol o de castigo.
Me lo merezco todo.

Tal vez una ciudad como la mía,
ay de Granada,
en la que un rey vencido
por una reina y otro rey
se aleja de su trono
para cruzar el mar y los libros de texto.

También el ancho mundo de los mapas,
el navegar de los conquistadores,
desplegadas sus velas, su hambre, su violenta
manera de llegar,
que hicieron en América
lo que Europa había hecho con Europa.

Y desde luego el tiempo de las caballerías,
el trotar de los dioses, los pendones,
los metales preciosos,

los contables, las cuentas y los cuentos,
los pergaminos y las bibliotecas.

Por debajo la sombra
de un hortelano sobre los aljibes,
de un judío expulsado,
de un indígena oculto en los manglares,
y un cuerpo en otro cuerpo,
y un murmullo de amor bajo la noche inmensa,
y el niño que repite la lección
con la España de Franco sentada en sus rodillas.

1789

La casa está vacía
igual que un ministerio durante el mes de agosto.
Voy a encender la luz para enseñarla
a un nuevo comprador.

Abro la puerta envejecida
de la palabra libertad
y veo ropa sucia de trabajo
en el desorden de la habitación.
Junto a la estatua hay
un vestido de fiesta desgarrado.

Entramos luego en la igualdad.
Sobre la mesa un plato de cenizas
y ventanas que dan a la miseria
de un mundo silenciado.

Al final del pasillo,
a mano izquierda, la fraternidad
con grietas en el techo
y humedades de musgo en la pared.

¿Cuánto pide por ella?, me pregunta.
Como le digo más de lo que vale,
comprende que prefiero no venderla.

Son muchas las reformas necesarias,
se ha caído hasta el número,

insiste al despedirse
examinando la fachada.

1789 digo.
Es un buen año para hablar de amor.

Hombre,
¿eres capaz de ser justo?
Una mujer te lo pregunta.

Se trataba de Olympe de Gouges,
escritora francesa del siglo XVIII.
Que fuese condenada años más tarde
a perder la cabeza en una guillotina
no se debió del todo a la pregunta,
sino a sus compromisos girondinos.
Pero la geografía humana de los sexos
tiene mucho que ver
con la historia que intenta separar
un corazón y una cabeza.

Extraña disyuntiva
en este mundo que lo mezcla todo,
los buenos sentimientos y las ejecuciones,
la música y la muerte.
Y en estos versos me permito
un desahogo literal:
con la intención de ahorrar entre los condenados
innecesarias agonías,
se encargó un instrumento
de piadosa y cortante precisión
a un constructor de clavicordios.
Así nació la guillotina,
afinada, afilada y aficionada al luto.

Razonable manera de acercarse a la muerte,
propia de una cabeza
que se desprende de su corazón,
igual que se alejaban
el calor del hogar y las tribunas,
los cuidados del hijo y el poder,
la tierra, los despachos y el político.

Las cabezas que ruedan
no saben dónde ir,
pero fijan caminos peligrosos.
Las razones llegaron en su afán
hasta los campos de concentración
y los instintos anidaron
sobre la jubilosa multitud
que aplaudía la muerte, por ejemplo,
de Olympe de Gouges.
Una historia de hielo y de cadalso.

Hoy sabemos temer
a la serpiente razonable. Y las canciones buscan
en cada corazón
una historia del mundo.
Hombres,
¿es que vais a cantar "La Marsellesa"?
Una mujer os lo pregunta.

Berlín, 1936,
un mundo ario.
El sueño de la raza defendido por Hitler
vio que un atleta negro, Jesse Owens,
ganaba cuatro veces el oro del destino.
Debió sentir lo mismo que yo siento
cuando veo a los hombres que gobiernan la historia
a principios del siglo XXI.
Es falsa la leyenda
de que Owens quisiese
castigar el racismo de Alemania
con la velocidad de un cuerpo libre.
No despreciaba al Führer.
Según lenguas tal vez no mentirosas,
durante años tuvo en su cartera
el testimonio gris de una fotografía
con el gran asesino.
¿De qué iba a extrañarse
si el negro americano por ser negro
no podía vivir
dentro del campus universitario
y usaba el montacargas
para subir a los salones,
ciudad de Nueva York, hotel Waldorf Astoria,
donde le dedicaban homenajes?
Europa desnortada,
año dos mil y pico de las águilas
y la tecnología.
¿De qué me extraño yo?
¿Qué va a pensar la gente?

Llama Pablo Neruda por teléfono
para decir que está en Madrid.
Quiere que improvisemos una cena.
Yo le ofrezco mi casa.
Las sillas que cultivo
aprenden a esperar porque están vivas
como la luz de los ordenadores.
Llegan María Teresa y Rafael
con Antonio Machado que se apunta.
Luego Miguel Hernández,
mojado por la lluvia de París,
avisa que vendrá César Vallejo.
No hace falta esperar a Federico,
nunca fue puntual.
Merecerá la pena
disfrutar de la excusa que prepare
entre su pubertad y el ascensor.
Será el caballo verde de la noche.
Una suerte que vengan, que beban, que se vean
una vez más aquí,
en esta biblioteca,
y no quieran marcharse
hasta el amanecer,
húmedos de botellas y palabras.

De haber nacido,
el general Francisco Franco
habría muerto ya
hace 40 años.

CONVERSACIÓN CON UN PERIODISTA

Tocar la piel del día.
Esa es tu tarea
hasta llegar al cuerpo de la historia.
Si las noticias pueden tener dueño,
los hechos no. Te llamará mañana
algún dios familiar o algún desconocido
para decirte lo que ocurre.
No aceptes su palabra
y mira con tus ojos,
habla con las razones de tu voz,
escribe con las dudas de tus manos.
Tocar la piel del día.
Debes estar allí.
Para contar la guerra,
oír la noche de los bombardeos.
Para nombrar el mundo,
sentir los ojos de la gente.
Para medir discursos,
sopesar las monedas y las sílabas
que caen en el suelo,
el funeral que llega por la plaza,
la mirilla que busca, el cañón que dispara.
Tocar la piel del día.
Estar allí para juzgar las causas,
hacerse responsable de los otros,
meditar soluciones,
el sudor de la vida, el testimonio,
contra la primavera virtual,

contra el silencio de los ruidos.
Esa es tu tarea,
tu oficio maltratado,
el loco enigma de la dignidad,
el terco corazón de la conciencia.
Tocar la piel del día.
Si las noticias pueden tener dueño,
los hechos no. Procura
que la imagen no pierda su mirada,
que las palabras no traicionen
el calor de los cuerpos que las dicen
y en cada letra exista
el mundo que has vivido
para contar el mundo.
Que por las redacciones no se extienda
ni la rosa marchita, ni el murmullo de plástico.
Yo dependo de ti. Nunca lo olvides.

III. AMOR

PROPOSICIONES

Yo te ofrezco la magia:

esconderme tu boca
detrás de las muñecas,
hacer tu desnudez
invisible en mis hombros.
¡Desaparezcas tú!
Debajo de mi espalda
salgan sólo tus manos
en forma de palomas

y atónita
preguntes
en qué parte del acto
pudiera estar el truco.

SE AGRADECEN

Se agradecen aquí
ciertos breves descuidos del lenguaje
como adverbios de tiempo y de lugar
que nos permiten coincidir ahora
en el oscuro reino de la vida.

Yo sé
que el tierno amor escoge sus ciudades
y cada pasión tiene un domicilio,
un modo diferente de andar por los pasillos
o de apagar las luces.

Y sé
que hay un portal dormido en cada labio,
un ascensor sin números,
una escalera llena de pequeños paréntesis.

Sé que cada ilusión
tiene formas distintas
de inventar corazones o pronunciar los nombres
al coger el teléfono.
Sé que cada esperanza
busca siempre un camino
para tapar su sombra desnuda con las sábanas
cuando va a despertarse.

Y sé
que hay una fecha, un día, detrás de cada calle,
un rencor deseable,
un arrepentimiento, a medias, en el cuerpo.

Yo sé
que el amor tiene letras diferentes
para escribir: me voy, para decir:
regreso de improviso. Cada tiempo de dudas
necesita un paisaje.

Tú me llamas, amor, yo cojo un taxi,
cruzo la desmedida realidad
de febrero por verte,
el mundo transitorio que me ofrece
un asiento de atrás,
su refugiada bóveda de sueños,
luces intermitentes como conversaciones,
letreros encendidos en la brisa,
que no son el destino,
pero que están escritos encima de nosotros.

Ya sé que tus palabras no tendrán
ese tono lujoso, que los aires
inquietos de tu pelo
guardarán la nostalgia artificial
del sótano sin luz donde me esperas,
y que, por fin, mañana
al despertarte,
entre olvidos a medias y detalles
sacados de contexto,
tendrás piedad o miedo de ti misma,
vergüenza o dignidad, incertidumbre
y acaso el lujurioso malestar,
el golpe que nos dejan
las historias contadas una noche de insomnio.

Pero también sabemos que sería
peor y más costoso

llevárselas a casa, no esconder su cadáver
en el humo de un bar.

Yo vengo sin idiomas desde mi soledad,
y sin idiomas voy hacia la tuya.
No hay nada que decir,
                              pero supongo
que hablaremos desnudos sobre esto,
algo después, quitándole importancia,
avivando los ritmos del pasado,
las cosas que están lejos
y que ya no nos duelen.

MADRIGAL

Ojos míos cargados
que me miráis con ira
al terminar la fiesta.
                    Detenido,
con la impaciencia con que apunta un alma,
me fijáis al instante
de alguna decisión,
a la presencia extraña, descarnada,
de otra necesidad
y de otro cuerpo,
mientras pasáis silbando por las sienes.

Habéis amado mucho, ya lo sé,
pero como quien va dejando cien testigos,
cien sueños de una noche, cien rastros diferentes
de la misma pasión, más dócil con el tiempo,
legendaria.

Noches de rock, sin prisa, a las afueras,
y un patio oscuro donde maduran los deseos,
donde las cazadoras de cuero se confunden
al olor de la vida.
Recuerdos convertidos en fiestas de guardar.

Una historia sin crédito en el día,
y sobre todo un mundo mucho menos
marginal que sus versos,
me convocáis aquí.
El mundo que ponéis en el espejo,
ojos míos, cargados.

RECUERDA

Recuerda que tú existes tan sólo en este libro,

agradece tu vida a mis fantasmas,
a la pasión que pongo en cada verso
por recordar el aire que respiras,
la ropa que te pones y me quitas,
los taxis en que viajas cada noche,
sirena y corazón de los taxistas,
las copas que compartes por lo bares
con las gentes que viven en sus barras.
Recuerda que yo espero al otro lado
de los tranvías cuando llegas tarde,
que, centinela incómodo, el teléfono
se convierte en un huésped sin noticias,
que hay un rumor vacío de ascensores
querellándose solos, convocando
mientras suben o bajan tu nostalgia.
Recuerda que mi reino son las dudas
de esta ciudad con prisa solamente,
y que la libertad, cisne terrible,
no es el ave nocturna de los sueños,
sí la complicidad, su mantenerse
herida por el sable que nos hace
sabernos personajes literarios,
mentiras de verdad, verdades de mentira.

Recuerda que yo existo, porque existe este libro,
que puedo suicidarnos con romper una página.

CANCIÓN FRÍA

Bajo una lluvia fría de polígono,
con un cielo drogado de tormenta
y nubes de extrarradio.

Porque este amor de llaves prestadas nos envuelve
en una intimidad provisional,
paredes que no hacen compañía
y objetos como búhos en la sombra.

Son
las sábanas más tristes de la tierra.
Mira
cómo vive la gente.

Nada tan encendido en las sombras del día
como una historia personal,
nada suele explicarme
tantas veces el mundo.

Su padre está en París,
su madre, separada, hace tiempo que vive
en Dakota del Sur,
a donde fue a buscarla con dieciocho años,
cuando lo permitió la ley francesa.

Tiene un piso alquilado
por cuatrocientos dólares al mes,
un coche viejo,
una pequeña cicatriz,
soledad en los labios
y vino a Nuevo México a estudiar español.

En las ventanas del hotel
poco a poco las luces de la noche
se volvieron objetos.
Un paisaje de centros comerciales
apareció, murmullo tras murmullo,
lentamente, lo mismo
que si la realidad se confesara.
Autopistas y casas desmontables,
un paisaje difícil
para cualquiera de nosotros.

La suerte,
que no conoce patrias, se tomó
la libertad de presentarnos
una tarde de lluvia en Albuquerque.
Ella contó su vida
como quien tiene un árbol a un lado del camino.
Yo cumplo la promesa que le di
y escribo este poema.

NOCTURNO

A Ángel González

Aplauden los semáforos más libres de la noche,
mientras corren cien motos y los frenos del coche
trabajan sin enfado. Es la noche más plena.
Ninguna cosa viva merece su condena.
Corazones y lobos. De pronto se ilumina
en un sillín con prisas la línea femenina
de un muslo. Las aceras, sin discreción ninguna,
persiguen ese muslo más blanco que la luna.
Pasan mil diez parejas derechas a la cama
para pagar el plazo de la primera llama
y firmar en las sábanas los consorcios más bellos.
Ellas van apoyadas en los hombros de ellos.
Una federación de extraños personajes,
minifaldas de cuero, chaquetas con herrajes
y el hablador sonámbulo que va consigo mismo,
la sombra solitaria volviendo del abismo.
Luces almacenadas, que brotan de los bares,
como hiedras contratan las perpendiculares
fachadas de cristal. Hay letreros que guiñan,
altavoces histéricos y cuerpos que se apiñan.
El día es impensable, no tiene voz ni voto
mientras tiemble en la calle el faro de una moto,
la carcajada blanca, los besos, la melena
que el viento negro mueve, esparce y desordena.
Yo voy pensando en ti, buscando las palabras.
Llego a tu casa, llamo, te pido que me abras.

La ciudad de las cuatro tiene pasos de alcohólica.
Desde el balcón la veo y como tú, bucólica
geometría perfecta, se desnuda conmigo.
Agradezco su vida, me acerco, te lo digo,
y abrazados seguimos cuando un alba rayada
se desploma en la espalda violeta de Granada.

CANCIÓN DE BRUJERÍA

Señor compañero, Señor de la noche,

haz que vuelva su rostro
quien no quiso mirarme.

Que sus ojos me busquen
sostenidos y azules
por detrás de la barra.

Que pregunte mi nombre
y se acerque despacio
a pedirme tabaco.

Si prefiere quedarse,
haz que todos se vayan
y este bar se despueble
para dejarnos solos
con la canción más lenta.

Si decide marcharse,
que la luna disponga
su luz en nuestro beso
y que las calles sepan
también dejarnos solos.

Señor compañero, Señor de la noche,

haz que no cante el gallo
sobre los edificios,

que se retrase el día

y que duren tus sombras
el tiempo necesario.

El tiempo que ella tarde en decidirse.

LIFE VEST UNDER YOUR SEAT

A Dionisio y José Olivio

Señores pasajeros buenas tardes
y Nueva York al fondo todavía,
delicadas las torres de Manhattan
con la luz sumergida de una muchacha triste,
buenas tardes señores pasajeros,
mantendremos en vuelo doce mil pies de altura,
altos como su cuerpo en el pasillo
de la Universidad, una pregunta,
podría repetirme el título del libro,
cumpliendo normas internacionales,
las cuatro ventanillas de emergencia,
pero habrá que cenar, tal vez alguna copa,
casi vivir sin vínculo y sin límites,
modos de ver la noche y estar en los cristales
del alba, regresando,
y muchas otras noches regresando
bajo edificios de temblor acuático,
a una velocidad de novecientos
kilómetros, te dije
que nunca resistí las despedidas,
al aeropuerto no,
prefiero tu recuerdo por mi casa,
apoyado en el piano del Bar Andalucía,
bajo el cielo violeta
de los amaneceres en Manhattan,
igual que dos desnudos en penumbra

con Nueva York al fondo, todavía
al aeropuerto no,
rogamos hagan uso
del cinturón, no fumen
hasta que despeguemos,
cuiden que estén derechos los respaldos,
me tienes que llamar, de sus asientos.

AUNQUE TÚ NO LO SEPAS

Como la luz de un sueño,
que no raya en el mundo, pero existe,
así he vivido yo,
iluminando
esa parte de ti que no conoces,
la vida que has llevado junto a mis pensamientos.

Y aunque tú no lo sepas, yo te he visto
cruzar la puerta sin decir que no,
pedirme un cenicero, curiosear los libros,
responder al deseo de mis labios
con tus labios de whisky,
seguir mis pasos hasta el dormitorio.
También hemos hablado
en la cama, sin prisa, muchas tardes,
esta cama de amor que no conoces,
la misma que se queda
fría cuando te marchas.

Aunque tú no lo sepas te inventaba conmigo,
hicimos mil proyectos, paseamos
por todas las ciudades que te gustan,
recordamos canciones, elegimos renuncias,
aprendiendo los dos a convivir
entre la realidad y el pensamiento.

Espiada a la sombra de tu horario
o en la noche de un bar por mi sorpresa.

Así he vivido yo,
como la luz del sueño
que no recuerdas cuando te despiertas.

MUJERES

Mañana de suburbio
y el autobús se acerca a la parada.

Hace frío en la calle, suavemente,
casi de despertar en primavera,
de ciudad que no ha entrado
todavía en calor.
Desde mi asiento veo a las mujeres,
con los ojos de sueño y la ropa sin brillo,
en busca de su horario de trabajo.

Suben y van dejando al descubierto,
en los cristales de la marquesina,
un anuncio de cuerpos escogidos
y de ropa interior.
Las muchachas nos miran a los ojos
desde el reino perfecto de su fotografía,
sin horarios, sin prisa,
obscenas como un sueño bronceado.

Yo me bajo en la próxima, murmuras.
Me conmueve el recuerdo
de tu piel blanca y triste
y la hermandad humilde de tu noche,
la mano que dejaste
olvidada en mi mano,
al venir de la ducha,

hace sólo un momento,
mientras yo me negaba a levantarme.

Que tengas un buen día,
que la suerte te busque
en tu casa pequeña y ordenada,
que la vida nos trate dignamente.

DEDICATORIA

Si alguna vez la vida te maltrata,
acuérdate de mí,
que no puede cansarse de esperar
aquel que no se cansa de mirarte.

Aquella casa no era mía.
Yo contraté la luz, el agua y las palabras.
Dispuse que los muebles y los vientos
volvieran a jugar en los balcones.
El paisaje llegaba saludando
igual que los amigos,
y al levantar la mano y las botellas
abril subía por el ascensor
y las colinas de la tarde
cambiaban amapolas por un whisky.

Yo contraté la noche para cerrar las puertas.
Quise quedarme solo con mi amada,
quedarme dentro de las horas
que ruedan con la miel de dos desnudos.
Yo preparé las sábanas, los libros, los armarios,
pinté de blanco las paredes,
pero la casa aquella no fue mía.

Porque empezó a llover
durante todo un año y el siguiente,
y el otoño manchaba los pasillos
con silencios mojados y zapatos,
y estuvo el mes de enero
helando hasta cortarse con nuestra soledad
y nuestra ropa sucia,
y el coche que subió por la colina
de barro y abandono

vino para decirme
que aquella casa no era mía.

Y aquella casa no fue mía.
Aprender a vivir enamorado,
saber amar,
significa también sentirse libre
cuando un amor se acaba.
Las ruinas de hoy
no son ya mi dolor ni mi recuerdo.
Veo como un extraño
la ventana forzada, las paredes con grietas,
los azulejos rotos.

La lluvia que pregunta en la esquina por mí
sabe que aquella casa no era mía.

CONFESIONES

Yo te estaba esperando.
Más allá del invierno, en el cincuenta y ocho,
de la letra sin pulso y el verano
de mi primera carta,
por los pasillos lentos y el examen,
a través de los libros, de las tardes de futbol,
de la flor que no quiso convertirse en almohada,
más allá del muchacho obligado a la luna,
por debajo de todo lo que amé,
yo te estaba esperando.

Yo te estoy esperando.
Por detrás de las noches y las calles,
de las hojas pisadas
y de las obras públicas
y de los comentarios de la gente,
por encima de todo lo que soy,
de algunos restaurantes a los que ya no vamos,
con más prisa que el tiempo que me huye,
más cerca de la luz y de la tierra,
yo te estoy esperando.

Y seguiré esperando.
Como los amarillos del otoño,
todavía palabra de amor ante el silencio,
cuando la piel se apague,
cuando el amor se abrace con la muerte
y se pongan más serias nuestras fotografías,

sobre el acantilado del recuerdo,
después que mi memoria se convierta en arena,
por detrás de la última mentira,
yo seguiré esperando.

COMPLETAMENTE VIERNES

Por detergentes y lavavajillas,
por libros ordenados y escobas en el suelo,
por los cristales limpios, por la mesa
sin papeles, libretas ni bolígrafos,
por los sillones sin periódicos,
quien se acerque a mi casa
puede encontrar un día
completamente viernes.

Como yo me lo encuentro
cuando salgo a la calle
y está la catedral
tomada por el mundo de los vivos
y en el supermercado
junio se hace botella de ginebra,
embutidos y postre,
abanico de luz en el quiosco
de la floristería,
ciudad que se desnuda completamente viernes.

Así mi cuerpo
que se hace memoria de tu cuerpo
y te presiente
en la inquietud de todo lo que toca,
en el mando a distancia de la música,
en el papel de la revista,
en el hielo deshecho

igual que se deshace una mañana
completamente viernes.

Cuando se abre la puerta de la calle,
la nevera adivina lo que supo mi cuerpo
y sugiere otros títulos para este poema:
completamente tú,
mañana de regreso, el buen amor,
la buena compañía.

MERECE LA PENA
(UN JUEVES TELEFÓNICO)

> *Trist el qui mai no ha perdut*
> *per amor una casa.*
>
> JOAN MARGARIT

Sobre las diez te llamo
para decir que tengo diez llamadas,
otra reunión, seis cartas,
una mañana espesa, varias citas
y nostalgia de ti.
El teléfono tiene rumor de barco hundido,
burbujas y silencios.

Sobre las doce y media
llamas para contarme tus llamadas,
cómo va tu trabajo,
me explicas por encima los negocios
que llevas en común con tu ex marido,
debes sin más remedio hacer la compra
y me echas de menos.
El teléfono quiere espuma de cerveza,
aunque no, la mañana no es hermosa ni rubia.

Sobre las cuatro y media
comunica tu siesta. Me llamas a la seis para decirme
que sales disparada,
que se queda tu hijo en casa de un amigo,
que te aburre esta vida, pero a las siete debes

estar en no sé dónde,
y a las ocho te esperan
en la presentación de no se quién
y luego sufres restaurante y copas
con algunos amigos.
Si no se te hace tarde
me llamarás a casa cuando llegues.

Y no se te hace tarde.
Sobre las dos y media te aseguro
que no me has despertado.
El teléfono busca ventanas encendidas
en las calles desiertas
y me alegra escuchar noticias de la noche,
cotilleos del mundo literario,
que se te nota lo feliz que eres,
que no haces otra cosa que hablar mucho de mí
con todos los que hablas.

Nada sabe de amor quien no ha perdido
por amor una casa, una hija tal vez
y más de medio sueldo,
empeñado en el arte de ser feliz y justo,
al otro lado de tu voz,
al sur de las fronteras telefónicas.

CABO SOUNION

Al pasar de los años,
¿qué sentiré leyendo estos poemas
de amor que ahora te escribo?
Me lo pregunto porque está desnuda
la historia de mi vida frente a mí,
en este amanecer de intimidad,
cuando la luz es inmediata y roja
y yo soy el que soy
y las palabras
conservan el calor del cuerpo que las dice.

Serán memoria y piel de mi presente
o sólo humillación, herida intacta.

Pero al correr del tiempo,
cuando dolor y dicha se agoten con nosotros,
quisiera que estos versos derrotados
tuviesen la emoción
y la tranquilidad de las ruinas clásicas.
Que la palabra siempre, sumergida en la hierba,
despunte con el cuerpo medio roto,
que el amor, como un friso desgastado,
conserve dignidad contra el azul del cielo
y que en el mármol frío de una pasión antigua
los viajeros románticos afirmen
el homenaje de su nombre,
al comprender la suerte tan frágil de vivir,
los ojos que acertaron a cruzarse
en la infinita soledad del tiempo.

EL AMOR

Las palabras son barcos
y se pierden así, de boca en boca,
como de niebla en niebla.
Llevan su mercancía por las conversaciones
sin encontrar un puerto,
la noche que les pese igual que un ancla.

Deben acostumbrarse a envejecer
y vivir con paciencia de madera
usada por las olas,
irse descomponiendo, dañarse lentamente,
hasta que a la bodega rutinaria
llegue el mar y las hunda.

Porque la vida entra en las palabras
como el mar en un barco,
cubre de tiempo el nombre de las cosas
y lleva a la raíz de un adjetivo
el cielo de una fecha,
el balcón de una casa,
la luz de una ciudad reflejada en un río.

Por eso, niebla a niebla,
cuando el amor invade las palabras,
golpea sus paredes, marca en ellas
los signos de una historia personal
y deja en el pasado de los vocabularios
sensaciones de frío y de calor,

noches que son la noche,
mares que son el mar,
solitarios paseos con extensión de frase
y trenes detenidos y canciones.

Si el amor, como todo, es cuestión de palabras,
acercarme a tu cuerpo fue crear un idioma.

LA INMORTALIDAD

Nunca he tenido dioses
y tampoco sentí la despiadada
voluntad de los héroes.
Durante mucho tiempo estuvo libre
la silla de mi juez
y no esperé juicio
en el que rendir cuentas de mis días.

Decidido a vivir, busqué la sombra
capaz de recogerme en los veranos
y la hoguera dispuesta
a llevarse el invierno por delante.
Pasé noches de guardia y de silencio,
no tuve prisa,
dejé cruzar la rueda de los años.
Estaba convencido
de que existir no tiene trascendencia,
porque la luz es siempre fugitiva
sobre la oscuridad,
un resplandor en medio del vacío.

Y de pronto en el bosque se encendieron los árboles
de las miradas insistentes,
el mar tuvo labios de arena
igual que las palabras dichas en un rincón,
el viento abrió sus manos
y los hoteles sus habitaciones.
Parecía la tierra más desnuda,

porque la noche fue,
como el vacío,
un resplandor oscuro en medio de la luz.

Entonces comprendí que la inmortalidad
puede cobrarse por adelantado.
Una inmortalidad que no reside
en plazas con estatua,
en nubes religiosas
o en la plastificada vanidad literaria,
llena de halagos homicidas
y murmullos de coctel.
Es otra mi razón. Que no me lea
quien no haya visto nunca conmoverse la tierra
en medio de un abrazo.

La copa de cristal
que pusiste al revés sobre la mesa
guarda un tiempo de oro detenido.
Me basta con la vida para justificarme.
Y cuando me convoquen a declarar mis actos,
aunque sólo me escuche una silla vacía,
será firme mi voz.

No por lo que la muerte me prometa,
sino por todo aquello que no podrá quitarme.

RESUMEN

No existe libertad que no conozca,
ni humillación o miedo
a los que no me haya doblegado.
Por eso sé de amor,
por eso no medito el cuerpo que te doy,
por eso cuido tanto las cosas que te digo.

NUBE NEGRA

Cuando busco el verano en un sueño vacío,
cuando te quema el frío si me coges la mano,
cuando la luz cansada tiene sombras de ayer,
cuando el amanecer es otra noche helada,

cuando siento piedad por sentir lo que siento,
cuando no sopla el viento en ninguna ciudad,
cuando ya no se ama ni lo que se celebra,
cuando la nube negra se acomoda en mi cama,

cuando juego mi suerte al verso que no escribo,
cuando sólo recibo noticias de la muerte,
cuando corta la espada de lo que ya no existe,
cuando deshojo el triste racimo de la nada,

cuando despierto y voto por el miedo de hoy,
cuando soy lo que soy en un espejo roto,
cuando cierro la casa porque me siento herido,
cuando es tiempo perdido preguntarme qué pasa,

sólo puedo pedirte que me esperes
al otro lado de la nube negra,
allí donde no quedan mercaderes
que venden soledades de ginebra,

al otro lado de los apagones,
al otro lado de la luna en quiebra,
allí donde se escriben las canciones
con humo blanco de la nube negra.

MEMORIA DE LA FELICIDAD
(PLAYA DE ROTA)

A Silvia y Felipe

No es injusta la vida
por estar condenada a cambiarte despacio
como yo te desnudo.

Si no fuese una pobre amistad temblorosa,
un íntimo abordaje,
el tiempo debería permanecer callado
y detrás de la puerta,
para guardar así
la verdad de tu piel y la luz de la tarde.

Desde el jardín, a voces,
los amigos nos piden que bajemos.
Quieren ir hasta el pueblo por la playa.

A las olas que llegan
no les faltan misterios que poner a tus pies,
ni arena que borrar entre tus pasos.
Mi libertad, que todo lo padece
y navega entre dudas posesivas,
al verte caminar va comprendiendo
que si tú te quedases
así, tal como eres,
salvada de las horas,
con tu cabello negro, y con tus ojos,

y con la fe de la madera limpia
que flota en tu mirada,
yo me iría alejando de ti,
cada vez más hundido,
como una luz se aleja por el mar
de una verdad robada por el tiempo.

La vida no es injusta,
aunque esté condenada a cambiarte despacio
como yo te desnudo.

Vente conmigo al frío del invierno.
Deja que todo pase
como pasa una mano por la piel,
como corre la lluvia
por el cristal de un dormitorio.
Allí se puede ser feliz. Incluso
volveremos un día,
descalzos y abrazados en la niebla,
a caminar por esta playa
cuando seamos viento.

A VECES UNA PIEL ES LA ÚNICA RAZÓN DEL OPTIMISMO

Debería llover
y hace falta ser lluvia,
caer en los tejados y en las calles,
caer hasta que el aire ponga
ojos de cocodrilo
mientras muerde la tierra igual que una manzana,
caer sobre la tinta del periódico
y caer sobre ti
que no llevas paraguas,
que te llamas María y Almudena,
que piensas como abril
en hojas limpias bajo el sol de mayo.

A veces una piel
pudiera ser la única razón del optimismo.

Como el cuerpo de un hombre derrotado en la nieve,
con ese mismo invierno que hiela las canciones
cuando la tarde cae en la radio de un coche,
como los telegramas, como la voz herida
que cruza los teléfonos nocturnos
igual que un faro cruza
por la melancolía de las barcas en tierra,
como las dudas y las certidumbres,
como mi silueta en la ventana,
así duele una noche,
con ese mismo invierno de cuando tú me faltas,
con esa misma nieve que me ha dejado en blanco,
pues todo se me olvida
si tengo que aprender a recordarte.

LA RECOMPENSA

Aunque no sea verdad,
porque el tiempo hace mundos igual que se hace daño,
déjame que aproveche este calor final
de la tarde imprecisa.
Quiero sentirme dueño de las horas.

Para encontrarme a mí
he aprendido a seguirte.

Salgo por la memoria y no llego a un recuerdo,
sino a este modo de vivir despacio
las cosas que me das.

Todavía camino por aquella ciudad
y soy el habitante de lo que sucedió
la semana que viene,
de los hechos que pueden ocurrir
hace ya muchos siglos,
cuando los pies del tiempo que nos falta
escriban junto al mar
la orilla laboriosa del pasado.

Todo está en ti. Y todo permanece
mientras rueda en el cielo
la luna primitiva.

Cada intuición es una huella,
cada recuerdo el porvenir,
hoy es ayer para decir mañana.

EL ABRAZO

Es la debilidad lo que nos une.
Tener miedo contigo,
aprender a explicarme, a buscar las palabras,
guardar un día libre para los viejos tiempos,
necesitar la lluvia como cualquier sequía
y darle la razón
a la luz de la última ventana,
a la tímida rosa de hospital
o a la mano en la orilla,
me ayudan a entender mi libertad,
este calor que nace de otro cuerpo,
esta voz que se baja de la acera
para ceder el paso,
mientras los ojos miran
los cuidados, las tazas de café,
lo que viene de frente, las manzanas.

PUNTA CANDOR

Un hospital de luz
en la tranquilidad del aire limpio.
Se reúnen aquí, como mitos de arena,
largos vientos, dos mares y dos mundos.
Esta playa nos cierra las heridas,
deja que cicatricen los recuerdos dañados
como huellas que van quedando atrás.
Al regresar a casa
el mar las ha borrado, nos ha hecho
de una materia fácil,
más parecidos a nosotros mismos.
No busco caracolas, ni peces, ni maderas,
sino esponjas, el yodo, las manos que nos cuidan,
la venda azul y el tiempo reposado.
Un hospital de claridad,
una forma de luz este paseo.

EPITAFIO

Le han perdonado mucho
sus libros muchas veces.
Quizá también lo hagan
sus hijos, sus amores.
Y aquí sigue sin prisa,
ante ningún altar,
padre de mundos libres,
poeta y perdonado.

AÑO NUEVO

Voy a cambiar de vida
y así podré seguir equivocándome
de distinta manera.

El error que soy yo
buscará soluciones:
tus ojos, tu palabra, tu desnudo.

Ahora debo esforzarme
en borrar algún libro,
en talar esos árboles
que dañan los cimientos,
en no perder las cartas de mis hijos.
Hay un certificado
en la oficina de correos.
Es urgente. Mañana iré a buscarlo
como vienen los años y los siglos
en busca de mi vida.

EN OTRA CAVERNA
(HABITACIÓN 5427)

Una mujer extraña me sonríe.
Yo la estaba mirando
porque su edad discute con su ropa
y quiebra la penumbra del café.
En las paredes de cristal se mezclan
la calle, mi silencio y las conversaciones
como ascuas lejanas.
Mundos habituales de este mundo
se despliegan delante del que mira
a sus sombras pasar entre la gente.
Tampoco falta un perro abandonado,
el reloj de una iglesia y la tranquilidad
del tiempo que envejece.
De manera importuna, después de la noticia,
viajé muy de mañana
para caerme del avión
lejos de mí,
en una tarde de domingo.

Es verdad que son muchos los poemas
de amor que suelo dedicarte.
Pero en estas palabras
la cicatriz devuelve su retórica
y se deja de versos.
El amor hace sombras de mi vida,
descarnado egoísmo,

todo lo que yo soy
cada día mezclado con mi nombre.

Hablo sólo de mí, de lo que nunca
puede tener sentido si me faltas.

LOS CUIDADOS

Mirar con otros ojos
las tallas de las camisetas.
Escuchar con oídos diferentes
los rumores del baño.
Soportar las llamadas ajenas, los avisos,
por no dejar el móvil en silencio.
Vivir el suelo, vigilar un orden
que evite las caídas y los sustos.
Pensar en la comida
sin ganas de comer,
masticar la palabra nutrición,
el miedo a la diarrea,
los horizontes de la hemoglobina.
La ropa sucia deja de oler mal
porque ya se ha mezclado
con todo lo que somos y sentimos.
Son cosas de la vida,
suburbios del presente, domicilios de amor
que se habitan lo mismo que un recuerdo.

Y nada quise más que tus cuidados.

ÚLTIMOS PASOS

No me atrevo a decir que esto no es un poema,
pero la muerte ahora, lo confieso
y digo la verdad,
no es un asunto literario.
Me rodea lo mismo que un desorden,
lo mismo que la sombra que me sigue
por esta calle solitaria,
la calle que soy yo,
lo confieso y lo digo de verdad.
Por más que me repito y murmuro… tal vez,
la pierdo poco a poco,
aunque la quiera paso a paso
y la cuide si hablo con la luz,
para que esté conmigo,
para que no desaparezca,
para que nadie diga ya nada puede hacerse.

La muerte es miserable.
Vengo de vomitar una tarde de whisky,
escondido de mí,
escondido de ella.
Negocio con la vida deshojada,
pero la muerte es miserable,
y pierdo los papeles, y vomito
en un baño cualquiera,
y temo que me vean de esta forma.

Pueden avergonzarse de mí. Me doy vergüenza
en muchas ocasiones. Pero tengo razón,
la muerte es miserable, miserable,
la muerte es miserable.

Cuando se retiraban las bandejas
y el avión era calma,
solías tú ponerme la cabeza en el hombro,
cerrábamos los párpados
y nos dejábamos llevar
por un viaje de largo recorrido.
Así me gusta imaginar la muerte
ahora que estoy solo.

Es condición del ser humano
la despedida y el encuentro
con lo desconocido,
reconocer la casa que se deja,
la habitación que nos espera
entre las fechas de los calendarios.
La conciencia del tiempo no responde
al dolor animal,
ni siquiera al esfuerzo de vivir,
sino la soledad de saberse con vida.

Hablo de una experiencia de la muerte
de la que no querría despertarme.

Al final era esto.
Después de tantas vueltas, me dijiste,
todo resulta simple.
Nunca tuvimos fe,
pero teníamos palabras

para darnos las gracias, para decir adiós,
para ponerle nombre al no saber,
para observar las alas
en la caída de la noche,
para cerrar los ojos, tu cabeza en mi hombro,
en un viaje infinito
en el que sigo todavía.

LA MUDANZA

Las cajas de cartón ya están conmigo
junto a la puerta de la casa.
En la primera pongo la cabeza
para guardar de golpe tu memoria,
la intemperie y un día de mañana.
Organizo mi pecho en la segunda
con sus aves de paso, las sábanas tendidas
y el corazón de antes.
En la tercera van
las manos y las piernas
con el norte y el sur
y el este y el oeste
y América Latina.
En la caja final doblo mi sombra.
Guardo también los ojos
para empezar a ciegas la mudanza.

> Te los ofrezco hoy, acabando este año,
> que para mí ya está entre los que fueron
> los más felices de mi vida.
>
> JOAN MARGARIT

Como las narraciones de la lluvia
o los cuadernos de bitácora,
tuvo la enfermedad sus argumentos.

No me quejo de nada. Hoy sostengo
el optimismo amargo con el que respondimos,
septiembre, 2020,
cuando las citas médicas y el mar de los análisis
se mezclaron de un día para otro
con las arenas de la vida.

Nunca me quejaré de la disciplinada
manera que tuviste de contar nuestros pasos
para ver la ciudad con otros ojos,
la resistencia física y mental
que exigía la quimio.
No me quejo de las debilidades
o de la Navidad sin cabellera
o de la extraña forma de despedir el año
cuando el amor pasó por el quirófano.

La pandemia prohibía las visitas.
Disfrazado de médico sin bata,
subí para esconderme hasta la habitación 5427.

Dividimos por dos las uvas de tu postre,
oyendo de la mano aquellas campanadas
de la televisión
que no sonaban todavía a muerto.

No me quejo de todo lo que hicimos después,
del cuerpo poco a poco tan vencido,
de las ventanas de los hospitales,
de la silla de ruedas en 2021,
penumbras fatigadas de noviembre,
ocho de la mañana en el rumor del Clínico
con resultados últimos en la sala de espera.
No me quejo del miedo a la caída,
de la ducha difícil,
de los duros transbordos para llegar al baño.
No me quejo tampoco
de los cuidados paliativos,
la memoria con gasas
y la conversación inevitable.
No me quejo de verte morir entre mis brazos.

Comprendí que los viajes y los libros
con sus dedicatorias
siempre han sido maneras de cuidarnos.
Comprendí las raíces de nuestra militancia,
comprendí la factura de querer
de un modo tan completamente viernes.
Comprendí el argumento de esta historia
en la noche estrellada,
una historia de amor,
este año y tres meses,
estos días finales que ya son,
ahora, recordados,
los más felices de mi vida.

NOTA BIBLIOGRÁFICA

Los poemas de esta antología pertenecen a los siguientes libros:

Tristia. Publicado originalmente en colaboración con Álvaro Salvador, bajo la firma de Álvaro Montero, el libro apareció en la colección Rusadir (Melilla, 1982). Posteriormente reedité mis poemas de *Tristia*, junto a *El jardín extranjero*, en Hiperión (Madrid, 1989).

El jardín extranjero. Publicado en la colección Adonais (Madrid, 1983), se reeditó en Hiperión (Madrid, 1989).

Diario cómplice. Publicado en Hiperión (Madrid, 1987).

Las flores del frío. Publicado en Hiperión (Madrid, 1991).

Habitaciones separadas. Publicado en Visor (Madrid, 1994).

Completamente viernes. Publicado por Tusquets (Barcelona, 1998).

La intimidad de la serpiente. Publicado por Tusquets (Barcelona, 2003).

Vista cansada. Publicado en Visor (Madrid, 2008).

Un invierno propio. Publicado en Visor (Madrid, 2011).

Balada en la muerte de la poesía. Publicado en Visor (Madrid, 2016).

A puerta cerrada. Publicado en Visor (Madrid, 2017).

No puedes ser así. Breve historia del mundo. Publicado en Visor (Madrid, 2021).

Un año y tres meses. Publicado en Tusquets (Barcelona, 2022).

Además. Publicado en Hiperión (Madrid, 1994). En este volumen reuní tres poemarios que, por juventud, juego o compromiso, considero en las fronteras de la intención central de mi poesía: *Y ahora ya eres dueño del Puente de Brooklyn* (1980), *Rimado de ciudad* (1981-1993) y *En pie de paz* (1985). Se trata de un libro abierto, por condición y voluntad, en el que he añadido poemas en sucesivas reediciones.

ÍNDICE

III. Amor

Antología personal, de Luis García Montero, se terminó de imprimir y encuadernar en septiembre de 2025 en los talleres de Leitzaran Grafikak, Gudarien Etorbidea, 29; 20140 Andoain (Gipuzkoa). En su composición, elaborada en el Departamento de Integración Digital del FCE por Karina Rosas Zambrano, se utilizaron tipos Stempel Garamond. La edición estuvo al cuidado de Julio Gallardo Sánchez. El tiraje fue de 1000 ejemplares.